新しい時代の
秘書
ビジネス実務

編集＊全国大学実務教育協会

紀伊國屋書店

『新しい時代の秘書ビジネス実務』発刊にあたって

　当協会は、平成18年に『新しい時代の秘書ビジネス論』を発刊しました。本書は、その姉妹篇として構成し、編集したものであります。従って、内容的にも理論篇である『新しい時代の秘書ビジネス論』と対応しています。

　理論に対する実務的アプローチを、一人の秘書の事例を中心にストーリーを構成し、それをもとに学習する内容となっています。そのために、事例を豊富に提供し、現在の学生の学習に適するテキストとして執筆されています。この点で執筆者の方々には大変ご苦労をおかけしました。

　本書は、姉妹篇同様、秘書を目指す人や現に秘書業務に携わっている人だけをイメージして内容を構成し、執筆された書物ではありません。

　現在の秘書教育は、一人の職業人としてビジネス全般についての知識やビジネスマナーを身につけることに役立っているといってよいでしょう。ビジネスマナーの教育は、今では非常に重要視されています。かつて家庭でなされていた躾や礼儀作法に代わるものとして、また、高校までの教育の中でマナー教育が十分になされていないことなどもあって、短期大学や大学で必修化してはどうかという声まで出ています。現在、秘書ビジネス教育が見直されているという現象もこのようなところに理由があるのかもしれません。

　さて、秘書機能として最も大切なトップの補佐機能は、ビジネス現場全般についての理解と、人と情報のネットワークをよく知り、組織の各部門との連絡調整を図ることにあります。そのための知識や技能が、この書物によって学べるものと確信しています。

　昭和63年に発行された『秘書実務』にくらべても、はるかにコンパクトにまとめられ、事例を中心とした演習方式になっている点でかなり改善されており、構成、執筆に当たっていただいた日本ビジネス実務学会のご努力に対し、お礼を申し上げたいと思います。また、この書物の発行に理解を示してくださると同時に諸般に亘って協力をいただいた株式会社紀伊國屋書店に対してもお礼を申し上げたいと思います。

　最後に、大学や短期大学での秘書教育を中心としたビジネス教育の場で、この書物が多くの学生に活用されることを心から願って発刊にあたってのご挨拶といたします。

一般財団法人　全国大学実務教育協会
会長　森脇 道子

CONTENTS

第1章　秘書ビジネス実務の基本　～秘書の仕事に興味を持とう～

1．秘書の役割と仕事 …………………………………………………… 2
　（1）秘書の役割 ……………………………………………………… 2
　（2）秘書の仕事 ……………………………………………………… 3
　（3）ある秘書の1日 ………………………………………………… 5
2．ビジネス環境の変化と秘書ビジネス実務 ………………………… 6
　（1）情報通信技術の進歩 …………………………………………… 6
　（2）グローバル化の影響 …………………………………………… 6
　（3）環境問題への関心 ……………………………………………… 6
　（4）少子高齢化への対応 …………………………………………… 7
3．秘書に求められる能力 ……………………………………………… 7
　（1）人的ネットワーク業務に関する能力 ………………………… 7
　（2）情報ネットワーク業務に関する能力 ………………………… 7
　（3）総務・庶務的業務に関する能力 ……………………………… 8
　（4）社会人としての基本的能力 …………………………………… 8
4．秘書ビジネス実務の学習 …………………………………………… 9
　（1）秘書ビジネス実務の能力を伸ばすために …………………… 9
　（2）テキストを活用するにあたって ……………………………… 10

第2章　秘書とスケジューリング　～秘書は時間管理のプロフェッショナル～

1．秘書とスケジューリング …………………………………………… 16
2．スケジューリングの基本と留意点 ………………………………… 17
3．スケジュールの種類 ………………………………………………… 18
　（1）秘書が管理するスケジュールの種類と用途 ………………… 18
　（2）スケジュール管理システム …………………………………… 24
4．アポイントメントの取り方・受け方 ……………………………… 25
5．スケジューリングとタイムマネジメント ………………………… 26
　（1）タイムマネジメントの要点 …………………………………… 26
　（2）スケジュール変更への対応 …………………………………… 26
■　演習問題 ……………………………………………………………… 27

| 第3章 | 秘書のコミュニケーション　～感じのよい秘書をめざして～ |

1．一日の仕事の準備と上司とのコミュニケーション ………… 30
　（1）秘書の仕事とコミュニケーション ………………………… 30
　（2）秘書の基本業務と人間関係 ………………………………… 31
　（3）秘書の朝の仕事 ……………………………………………… 32
　（4）秘書業務の情報化 …………………………………………… 35
2．感じのよい秘書になる …………………………………………… 37
　（1）印象形成とコミュニケーション …………………………… 37
　（2）感じのよい秘書の条件 …… 重要な印象形成 …………… 38
　（3）印象形成のポイント ………………………………………… 39
　（4）敬語表現 ……………………………………………………… 40
3．コミュニケーション力のある秘書になる …………………… 45
　（1）秘書に必要な基本的なコミュニケーション力を考えよう … 45
　（2）秘書のコミュニケーション ………………………………… 46
　（3）仕事を効率的に進めるコミュニケーション ……………… 47
　（4）柔軟な対応力と双方向的なコミュニケーション ………… 49
　■ 演習問題 …………………………………………………………… 52

| 第4章 | 秘書の応対業務　～テキパキサポートをめざして～ |

1．来客応対 ……………………………………………………………… 56
　（1）来客応対の基本を学ぼう …………………………………… 56
　（2）応対業務の流れ ……………………………………………… 57
　（3）秘書が行う受付・応対業務の流れと内容 ………………… 58
　（4）マナーのルールのあれこれ ………………………………… 63
　（5）外国からのお客様の応対 …………………………………… 66
2．電話応対 ……………………………………………………………… 68
　（1）電話 ― 顔の見えない相手とのコミュニケーション ― を学ぼう … 68
　（2）電話応対の流れと基本 ……………………………………… 69
　（3）電話の受け方 ………………………………………………… 70
　（4）電話のかけ方 ………………………………………………… 73
　（5）電話での話し方 ……………………………………………… 74
　（6）外国のお客様からの電話応対 ……………………………… 75

■ 演習問題 ·· 76

第5章　出張のコーディネート　～ミスのない仕事をしよう～

1. 出張コーディネートの基本 ································ 82
   （1）出張の準備 ··· 82
   （2）出張コーディネートの流れ ··························· 83
2. 国内出張計画と手配 ···································· 84
   （1）国内出張準備 ······································· 84
   （2）出張中の業務 ······································· 88
   （3）帰社後の上司と秘書のやりとりフロー ················· 90
   （4）出張の随行 ··· 91
3. 海外出張の手配 ·· 93
   （1）海外出張計画と手配 ································· 94
   （2）海外出張先への連絡 ································· 98
   （3）海外出張中の業務 ··································· 99
   （4）海外出張に関する危機管理 ··························· 99
■ 演習問題 ·· 100

第6章　会議のコーディネート　～段取り上手になろう！～

1. 会議の準備に必要なこと ································ 106
   （1）社内会議の準備に必要なこと ························· 106
   （2）会議準備の流れ ····································· 107
   （3）会議と秘書の仕事 ··································· 107
2. 会議の準備業務 ·· 109
   （1）会場手配とレイアウト ······························· 109
   （2）開催通知（社内・社外） ····························· 112
   （3）資料・機器類の準備 ································· 114
3. 会議中の仕事 ·· 116
   （1）会議直前 ··· 116
   （2）受付・会議中の接待など ····························· 117
4. 会議の後処理 ·· 118
   （1）参加者への対応 ····································· 118

（2）会場の片付け ………………………………………… 118
　　（3）議事録の作成 ………………………………………… 118
　5．社外会議の運営 …………………………………………… 120
　　（1）上司が事務局として主催する会議の準備 …………… 120
　6．会食の手配 ………………………………………………… 122
　　（1）打ち合わせのための会食の手配 ……………………… 122
　　（2）秘書が同行する場合の流れ …………………………… 123
　7．会議の知識 ………………………………………………… 124
　　（1）会議の種類 ……………………………………………… 124
　　（2）会議に関する用語 ……………………………………… 126
　■ 演習問題 …………………………………………………… 126

第7章　慶弔・贈答のコーディネート　～マナー・しきたりに関心を持とう～

　1．慶弔事における秘書業務の基本 ………………………… 130
　　（1）秘書が行なう行事企画のコーディネート …………… 130
　　（2）行事企画コーディネートの主な流れ ………………… 131
　　（3）行事企画コーディネートの要領 ……………………… 132
　　（4）慶弔・行事の知識あれこれ …………………………… 134
　2．慶事における秘書の業務 ………………………………… 137
　　（1）状況に応じた具体的な仕事 …………………………… 137
　　（2）慶事における秘書の各種手配の流れ ………………… 138
　　（3）慶事・行事にまつわる用語 …………………………… 139
　　（4）プロトコールとドレスコード ………………………… 140
　　（5）パーティーや宴会・会食の知識 ……………………… 142
　3．弔事における秘書の業務 ………………………………… 143
　　（1）関係者の訃報に接した時 ……………………………… 143
　　（2）弔事における秘書業務の流れ ………………………… 144
　　（3）関係者の訃報を聞いた後の対応 ……………………… 145
　　（4）供花、供物の手配 ……………………………………… 146
　　（5）社葬の知識 ……………………………………………… 146
　　（6）弔事にまつわる用語 …………………………………… 147
　4．贈答のコーディネート …………………………………… 148
　　（1）贈答にかかわる秘書の仕事 …………………………… 148

（2）贈答品手配の流れ ……………………………………………… 149
　　（3）贈答品の選び方と贈り方 ………………………………………… 150
　　（4）祝儀・不祝儀袋の知識（熨斗と水引）………………………… 152
　■ 演習問題 ……………………………………………………………… 155

第8章　秘書の文書業務・情報管理　～効率的な仕事をしよう～

　1．秘書の通信業務 ……………………………………………………… 160
　　（1）通信文書の取り扱い ……………………………………………… 160
　　（2）文書の受信の流れ ………………………………………………… 161
　　（3）文書の発信 ………………………………………………………… 162
　　（4）通信手段の選択 …………………………………………………… 164
　　（5）機密文書の取り扱い ……………………………………………… 164
　2．文書作成業務 ………………………………………………………… 165
　　（1）社内文書の種類 …………………………………………………… 165
　　（2）社内文書作成上の留意点 ………………………………………… 166
　　（3）社外文書の種類 …………………………………………………… 167
　　（4）社外文書作成上の留意点 ………………………………………… 168
　　（5）印鑑の種類と管理 ………………………………………………… 169
　3．ファイリング・情報管理 …………………………………………… 170
　　（1）ファイリングのプロセス ………………………………………… 170
　　（2）ファイリングの用具 ……………………………………………… 171
　　（3）ファイルのまとめ方 ……………………………………………… 172
　　（4）名刺の整理 ………………………………………………………… 172
　■ 演習問題 ……………………………………………………………… 172

第9章　これからの秘書に求められる実務

　1．「変化するもの」と「変化しないもの」 …………………………… 176
　2．ビジネスの変化に対応する秘書実務 ……………………………… 177
　3．信頼感を獲得できる基本に忠実な秘書実務 ……………………… 179
　4．プロフェッショナルとしての自己成長 …………………………… 180
　■ 演習問題 ……………………………………………………………… 180

資料　秘書のビジネス教養

- 資料編の構成 …………………………………………………… 182
- PART 1 ビジネスの常識 ………………………………………… 183
  - ヒト － 企業の組織と人事 ………………………………… 183
  - モノ － マーケティング／生産管理 ……………………… 184
  - カネ － 企業会計／税務 …………………………………… 185
  - 情報 － ネットワーク／Eビジネス／情報倫理 ………… 186
  - 会社経営と法律 ……………………………………………… 187
- PART 2 コミュニケーションの常識 …………………………… 188
  - 自他の使い分け ……………………………………………… 188
  - 接遇でよく用いられる敬語表現 …………………………… 189
  - ビジネス文書でよく用いられる慣用表現 ………………… 190
  - ビジネス文書でよく用いられる時候の挨拶 ……………… 191
  - ビジネス文書でよく用いられる頭語 — 結語の組合せ … 191
  - 社内文書の例 ………………………………………………… 192
  - 社外文書(商用文書)の例 ………………………………… 193
  - 社外文書(社交文書)の例 ………………………………… 194
  - 伝言メモの例 ………………………………………………… 195
  - 電子メールの例 ……………………………………………… 196

- 参考文献 ………………………………………………………… 197

- コラム
  - 新しい時代のスケジューリング …………………………… 18
  - 秘書業務と携帯電話 ………………………………………… 44
  - 携帯電話使用のマナー ……………………………………… 54
  - ペットボトルのお茶と紙コップでも大丈夫？ …………… 67
  - 受付でのセキュリティ管理 ………………………………… 80
  - 出張におけるネット活用 …………………………………… 97
  - テレビ会議・電話会議 ……………………………………… 115
  - 変わる慶弔の形、変わらない心づかい …………………… 136
  - 電子メール …………………………………………………… 165

第1章　秘書ビジネス実務の基本
～秘書の仕事に興味を持とう～

> 学習のねらい
>
> 　秘書はどのような役割を期待され、どのような仕事をしているのでしょうか。学習を始めるにあたって、秘書実務の概要を、補佐役に加えて調整役（コーディネート役）の観点から理解しましょう。
> 　本書では、ビジネスセンスをもって秘書実務を推進することを「秘書ビジネス実務」と呼んでいます。ビジネスセンスを身につけるために、どのような視点で現代のビジネス環境を理解すればよいか、本章で学習の方向性をつかんでください。
> 　学習は、「株式会社ホシノ・ビバレッジ」という会社の事例をもとに秘書の仕事を疑似体験しながら進んでいきます。まずは、習得するべき能力の概要を理解しましょう。

1．秘書の役割と仕事

　秘書が仕事をするためには、自分の役割を正確に理解し、役割に対応した職務をはたすことが求められます。そのために秘書の役割を上司や組織との関係から考えます。役割をはたすための秘書の仕事をコーディネート業務の考え方に立って理解し、秘書の1日で秘書ビジネス実務のイメージをつかみましょう。

（1）秘書の役割

　秘書に求められることは、社長・副社長・専務取締役などの企業のトップ、役員・本部長などの上司が本来の仕事を効率よく行えるように補佐することです。現代の秘書には、さらに調整役（コーディネート役）として上司が正しい経営判断を行い、社内外で効率的・効果的に活動できるように情報ネットワーク業務や人的ネットワーク業務を通じて、積極的にコーディネートするプロフェッショナルとしての期待が高まっています（全国大学実務教育協会『新しい時代の秘書ビジネス論』紀伊國屋書店、2006年、p.21）。

　秘書が補佐する上司は、複雑性の高い仕事を担い、すばやい経営判断を求められるようになっています。いまや、インターネットをはじめとする情報通信技術（Information and Communication Technology：略してICT）の進展により、情報があっという間に世界中に配信されています。その中で必要な情報をできるだけ速く手に入れ、それに対応して効果的に企業の舵取りをする必要があるからです。アメリカで起こった企業の不祥事が世界中に影響を与える、石油の価格の変動が企業の業績に大きく影響を与えるといった環境の中、上司は自分の会社や取引先だけではなく、広い視野に立って経営の判断を行っているのです。

　秘書の役割を、さらに3つのレベルでみておきましょう。第1は、組織の定める職務記述書で示される職務です。多くの企業には職種ごとに職務内容を記述した職務記述書があります。職務記述書で示された秘書の役割が基本になります。現在、人材派遣会社から派遣される秘書も増えています。派遣される秘書は、企業の正規の社員ではなく、人材派遣会社と雇用契約を結んでいます。この場合、正社員の秘書には上司の補佐をすることだけでなく、派遣社員の秘書の仕事をマネジメントする役割を求められることがあります。このように、秘書の役割も拡大する傾向にあります。

図表1-1

秘書の役割
上司が本来の仕事を効率よく行えるように補佐すること
職務記述書（組織の期待役割）
上司・先輩・同僚の期待役割
自ら求める役割

　第2は、上司や先輩・同僚、あるいは仕事で関係する人からの期待です。秘書の仕事

は形式的な職務記述書だけではうまく進みません。上司は秘書に仕事の指示を与えますが、細かい手順まで指示することはありません。上司からどのような期待をもって仕事の指示を与えられているのかを、感じ取って仕事をすることが求められます。同僚や仕事で関係する人からの期待を感じ取ることも大切です。

　第3は、上司や先輩・同僚、仕事で関係する人の仕事を理解して、自分が何をすべきか常に考える姿勢も秘書の役割です。職場のシステム化が進んでいればシステムの操作方法を学び、自分で使いこなすことができるようになる、表計算ソフトを活用して上司が効果的に仕事をできる方法を提案するなどの例が挙げられます。

（2）秘書の仕事

　秘書は、どのような場所で仕事をしているのでしょうか。秘書の形態は、「個人付き秘書」「グループ型秘書」「兼務秘書」の3つに分かれます。個人付き秘書は、一人の上司に専属で付く秘書です。グループ型秘書とは、一人あるいは複数の上司を複数の秘書が協力して補佐するスタイルです。日本の大企業に多い形態で、秘書課や社長室に複数の秘書が所属する組織をつくって補佐を行います。「兼務秘書」とは、ある部署に所属し、その部署の仕事をしながら秘書業務を行う秘書です。たとえば、経理の仕事をしながら、経理部長の秘書として仕事をする秘書です。

　本書では、グループ型秘書を中心に学びます。グループ型秘書として、図表1－2に秘書課のレイアウトを示します。

図表1－2　株式会社ホシノ・ビバレッジ秘書課のフロアレイアウト

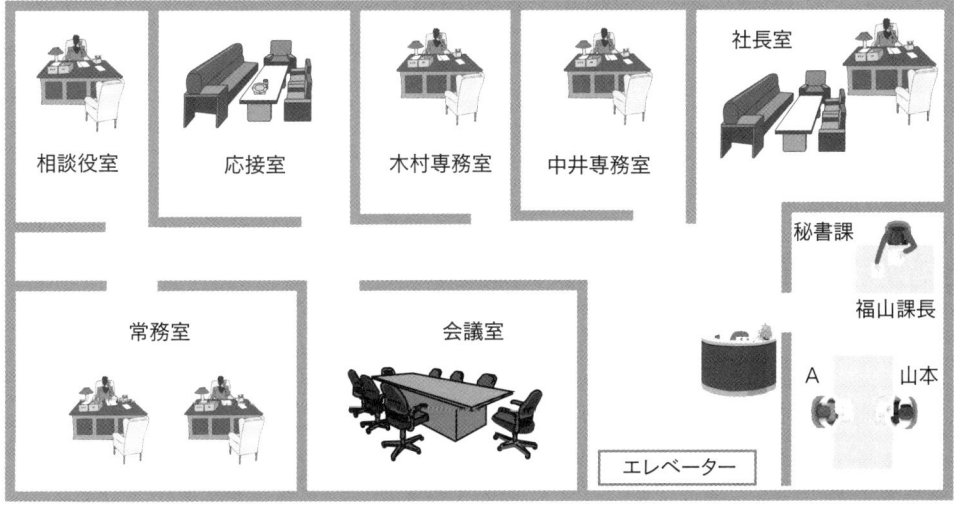

役員受付では、社外の来客を応対します。秘書は秘書課のオフィスで業務を行い、必要に応じて社長室や専務室で業務を行います。

次に、秘書のビジネス実務を考えてみましょう。広辞苑によると、「実務」とは実際の業務のこと、「業務」とは事業や商売に関して日常継続して行う仕事のことです。秘書ビジネス実務とは、ビジネスの現場で秘書が実際に日常的に行う仕事のことを意味しています。これまで秘書に求められてきた秘書実務をベースに、ビジネス現場の変化をとらえて実務を工夫・改善すること、すなわち、ビジネスの現場から考えるという点が従来の「秘書実務」との違いです。ビジネスの現場は毎日動いていて、常に変化しています。そのため、秘書の仕事もビジネス現場の変化の影響を強く受ける時代になっています。秘書は、変化を敏感にとらえビジネス現場の観点から効率と効果を求める仕事を実践しています。先述の通り、正社員の秘書には、専門的な実務能力とともに、派遣社員の秘書をマネジメントする能力、同僚や先輩秘書と協力して秘書実務を遂行する協働力が求められます。

まず、秘書の仕事の基本を確認します。秘書の基本的な仕事とは、多忙な上司が本来の判断業務に集中できるように職場環境を整えることで、総務・庶務的な仕事が中心となります。その上で、秘書としてのコーディネート業務を行います。図表1－3のとおりコーディネート業務は、人的ネットワーク業務（対人対応を主とする業務）と情報ネットワーク業務（情報の収集・整理・管理を主とする業務）の2つの業務で成り立っています。

代表的な人的ネットワーク業務として、社内外の連絡・調整に必要な「秘書のコミュニケーション」、「応対業務（来客応対・電話応対）」などの仕事が挙げられます。また、情報ネットワーク業務として、「スケジューリング（日程管理）」「出張のコーディネート」「会議のコーディネート」「文書業務・情報管理」などの仕事が挙げられます。総務・庶務的業務として、「経理伝票処理」「慶弔・贈答のコーディネート」「環境整備」「非常事態の処理」「上司の業務に必要な庶務」などが挙げられます。

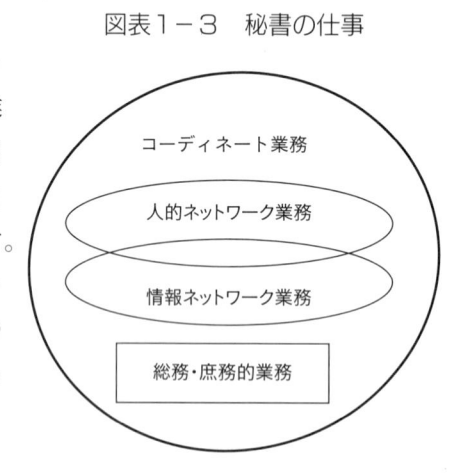

図表1－3　秘書の仕事

（コーディネート業務／人的ネットワーク業務／情報ネットワーク業務／総務・庶務的業務）

（3）ある秘書の1日

秘書の仕事のイメージをつかむために、ある秘書の一日を見てみましょう。秘書は細切れに仕事を行っていますが、簡略化したスケジュールで全体をつかんでください。

図表1－4　秘書の1日の例

時間	社長	専務	秘書
9:00			出社
			社長室・役員室清掃 新聞チェック メールチェック
9:15	出社	出社	
	メールチェック 売上データの確認	メールチェック 売上データの確認	お茶出し 役員会準備
9:30	スケジュール打ち合わせ	営業部長打ち合わせ	スケジュール打ち合わせ
9:45	決済書類チェック	スケジュール打ち合わせ	スケジュール打ち合わせ
10:00	臨時役員会	臨時役員会	
11:00	来客：A銀行支店長		来客応対
12:00	専務と打ち合わせ(会食)	社長と打ち合わせ(会食)	弁当準備／昼食
13:00	営業部長と打ち合わせ		出張手配
13:30	来客：関係会社幹部	取引先訪問	来客応対 会議資料のファイリング 配車の手配
14:30	外出：商工会議所		社長見送り
15:00		帰社 新製品検討会	議事録作成 贈答礼状作成
16:30	帰社 決済資料押印		決裁書類受け取り
17:00	常務と打ち合わせ	来客	社内便発送
17:30		決裁書類押印	決裁書類受け取り
18:00	明日のスケジュール打ち合わせ		スケジュール打ち合わせ
18:15			メールチェック
18:30	退社	退社	文書整理 片付け
18:45			退社

2．ビジネス環境の変化と秘書ビジネス実務

　上司はビジネス環境の変化に即応した経営判断が求められます。上司を補佐する秘書もビジネス環境の変化に敏感である必要があります。変化を生み出す要因として、情報通信技術（ICT）の進歩、グローバル化の進展、持続可能な社会への対応、先進諸国の少子高齢化など、さまざまなものが挙げられます。

（1）情報通信技術の進歩
　情報通信技術の進歩は、私たち一人ひとりの生活、企業活動、行政などに大きな影響を与えています。秘書の仕事も、以前はパソコンで文書を作成する、表計算ソフトで資料を作成するといった程度でしたが、現在ではシステム化が急速に進んでいます。業務を支援する情報システムが導入され、スケジュール管理、電子メール、文書管理、文書データベース、会議の開催通知、会議室の予約、経理伝票処理など、多くの業務がシステム化されています。紙の伝票や文書や資料が姿を消し、ネットワークで結ばれたパソコンでデータを確認する、データを入力する、メールでの連絡などにより業務が効率的に行えるようになっています。
　インターネットを活用してホテルや航空チケットを予約することができ、取引先の企業情報や来客の人物情報の調査などもできます。時間と交通費の節約のために、テレビ会議や電話会議が普及し、海外の事業所の社員と国内の地方の営業所、本社の経営幹部が同時に会議をすることもできるようになっています。携帯電話やモバイルパソコンを使って、自宅や社外でも仕事ができます。
　情報通信ネットワークを使った仕事が増えるにしたがって、機密の保持や個人情報の管理、ネットワークやパソコンが故障した時の緊急時対応なども秘書の仕事に入ってくるようになりました。重要な書類や個人情報に関する取り扱いや廃棄などは規程で決められています。そのようなルールを理解して守ることも必要になります。

（2）グローバル化の影響
　情報通信技術の進展にともない、企業のグローバル化が進んできました。中堅企業が突然、海外の企業に買収されて外資系企業になることもあります。また、アジアの企業との連携が深まり、中小企業でも海外の企業と取引するケースが増えています。その意味で、英語、中国語、韓国語など、仕事に必要な言語も多様になっています。バイリンガルのように流暢に外国語を使う必要はありませんが、簡単な意思疎通ができ、語学の達者な人に引き継ぐことができる程度の初歩的な語学力が必要です。

（3）環境問題への関心
　企業には社会の一員として責任をはたすことが求められています。法律を遵守するこ

とはもちろん、二酸化炭素の排出削減など持続可能な社会に貢献しなければなりません。秘書の仕事としては、オフィス環境の室温・照明、電気など省エネルギーに努力することや紙などの資源を効率的に活用することなどが求められます。環境に関する一年間の活動を環境白書という書類にまとめて公表している企業もあります。

（4）少子高齢化への対応

世界の先進国は急激な少子高齢化という壁に突き当たっています。企業は、社員が子どもを育てやすい環境を整備することが求められています。育児休業期間を設ける、育児をしながら仕事を続けることができる制度を整備するなど、さまざまな努力を重ねています。秘書の仕事の現場でも、同僚が育児をしながら仕事を続けられるように社員同士が協力をする体制を整備している企業もあります。

3．秘書に求められる能力

秘書に求められる能力を、人的ネットワーク業務、情報ネットワーク業務、総務・庶務的業務、社会人としての基本的能力から確認しておきましょう。

（1）人的ネットワーク業務に関する能力

秘書は上司や周りの人たちの関係を円滑に保つよう配慮することが求められます。秘書の仕事は人との関係を抜きにしては進めることができません。そのためには、コミュニケーション力と応対力が求められます。人の話を聞いて正確に理解し、自分の意見を正確に伝える力が基本になります。報告・連絡・相談などのビジネス実務の基本的な能力も必要です。

このような基本を身につけた上で、相手を理解し、適切に応答できる「応対力」が秘書には欠かせません。周囲によい印象を与え、よりよい人間関係を築くことをベースに秘書の仕事が成り立ちます。

さらに一歩進んで、さまざまな調整事項を処理するための折衝力や交渉力なども重要な能力となります。

（2）情報ネットワーク業務に関する能力

日々の秘書の業務処理は情報を扱う力がベースになります。2章で説明するように、スケジュール管理がシステム化されている企業も増えていますが、まだ秘書が上司のスケジュール管理をペーパーベースで担っている企業も数多くあります。スケジュール管理には、情報を的確に把握し、記録し、判断する力が必要になります。メモを正確にスピーディにとること、文章を読んで正確に理解する「理解力」と、必要な情報を正確に表現する「文章力」なども重要な能力です。

情報ネットワーク業務に関する能力をまとめると、次の能力に集約できます。
・目的に合った文章やメールなどを、短い時間で作成できること
・仕事を円滑に進めるための情報を収集・保管・活用する情報管理ができること
・情報を正確に理解し、そこから的確な判断をして、行動に移せること
・先を読んで必要な行動をとるための予測ができること

システム化が進んだ現在、さまざまな業務をシステムを通じて処理するようになっています。ところが、コンピュータに不具合があるとシステムが停止することがあります。その時に、スケジュールがわからない、上司が出張に行くことができないという事態を避けねばなりません。数週間分のスケジュールを紙に打ち出して万一に備えている秘書もいるそうです。そのような危機管理の能力も秘書には求められます。

（3）総務・庶務的業務に関する能力

総務・庶務的業務には、細かい事務の仕事があります。経理伝票処理、慶弔や贈答などの仕事、オフィス環境整備、非常事態の処理などさまざまな業務が含まれます。秘書には、正確にすばやく処理する力、丁寧に処理する力が必要です。また、不測の事態に対応するために、機転が利くことも求められます。上司の出張の時に天候不順で予定していた飛行機が飛ばないといった場合、他の交通手段を見つけて対応するといった能力です。

（4）社会人としての基本的能力

社会人として必要な人間的な力の中で、秘書に特に必要な能力や特性として次のものが挙げられます。つねに秘書としての役割や心構えを忘れない謙虚さ、周りの状況を理解できる感受性やバランス感覚、物事に柔軟に対応できる力などです。また、感情が安定していて、ストレスに強いことも重要な要素です。

秘書である前に、社会人としての基本である、自己管理力、自律性、責任感、忍耐力、倫理観なども重要です。自己管理能力とは自分の行動をコントロールできる力ですが、たとえば、時間を守るなどの普段の行動に表われます。秘書にはこのような基本的な行動をきちんととれることが基本的な能力となります。そのために心身が健康であることも心がけなければなりません。

以上の能力は従来から重要視されている能力ですが、これからの秘書に求められる能力で、このテキストで育成したい能力は次のとおりです。

図表1-5　育成したいこれからの秘書ビジネス実務能力

秘書業務を遂行する上で求められる能力
＊計画力・情報分析・発信力 　情報ネットワークなどを活用した情報収集力と、正確な情報の取捨選択力を身につけることが求められています。情報通信技術を活用した新しいビジネスツールを積極的に導入して活用できる力と、効率化を考え出す力を備えておきましょう。 ＊企業・組織全体を把握するビジネスセンス 　自ら仕事を発見し、上司が求めるものをタイムリーに提供するためには会社全体を知り、自分の立場・使命を知ることが必要です。
上司との信頼関係を築くために必要な能力
＊リスク管理・セキュリティ意識 　デジタルデータの管理、役員フロアのセキュリティ管理、コンプライアンス（法令遵守）、マスコミへの対応など、リスク管理の意識をもって日々の業務にあたりましょう。 ＊秘書業務の付加価値 　総務、財務会計、法務、教育、語学、広報、高度なＰＣスキルなど、得意分野を持つとともに自己啓発を続けることが大切です。「秘書なのだから、知っているはず」という期待に応えられる知識、常識、教養を修得する姿勢を持ちましょう。
外部の人から好感を持たれるための資質・能力
＊より一層の人間関係調整能力（コーディネート力） 　ＩＴ化により人間関係の希薄化が進む中で、人と人をつなぐ役割、部署間の連携力の重要性が増しています。相手が求めているものを察知し行動する力を身につけましょう。徹底した「報告・連絡・相談（ホウ・レン・ソウ）」が基本です。
職業人としての基礎力
＊主体的に働き続ける意識 　派遣業務との役割分担（差異化）が進んでいます。受付応対や茶菓接待（パントリー管理）は派遣化の流れにあります。競争化・スピード化の下で、指示されてから動くのではなく、自ら仕事を見つけて推進する力を身につけていきましょう。

4．秘書ビジネス実務の学習

（1）秘書ビジネス実務の能力を伸ばすために

　秘書を取り巻くビジネス環境は急激に変化していますが、秘書のビジネス実務能力を伸ばすためには、まず基本的な実務能力をしっかりと身につけることが大切です。個々の業務で何が求められているのかを意識しながら仕事をすることによって、さまざまな場面に応用できる能力へとつながります。

　本書では、事例をもとに実際の秘書の仕事を基礎から学びます。学んだ基本をもとに

演習課題を積み重ねることで、さまざまな状況に対応するための課題解決の方法を身につけていきます。

(2) テキストを活用するにあたって
1) テキストの特徴
★ストーリーで学ぶ——秘書の成長物語

　本書は、秘書課に配属された新人秘書Aさんが体験する秘書業務のストーリーを通じて学ぶ秘書体験型テキストです。学生は、新人秘書となりスケジュールに沿って日々の秘書業務を体験し成長していきます。実際に秘書課で勤務するような臨場感を持たせた内容にしました。

　このストーリーにそって既刊『新しい時代の秘書ビジネス論』に連動した秘書のコーディネート業務を学びます。総務・庶務的業務をベースにして「人的ネットワーク業務」と「情報ネットワーク業務」という2つの面から学んでいきます。実際の秘書がそうであるように、人や情報が複雑に絡み合う業務を、秘書ならではの調整力を発揮して実践しながら、コーディネーターとしての秘書能力を身につけていきます。失敗や先輩からの指導など自分が秘書課に所属し主人公として演じる体験をすることで秘書のスキルを体得することができます。

2) 本書の構成
　図表1-6に示すとおり、本書の各章は人的ネットワーク業務、情報ネットワーク業務、総務・庶務的業務に分けることができます。もちろん、コミュニケーションにも情報ネットワーク業務の要素があり、スケジュール管理は総務・庶務的業務と人的ネット

図表1-6　本書の構成

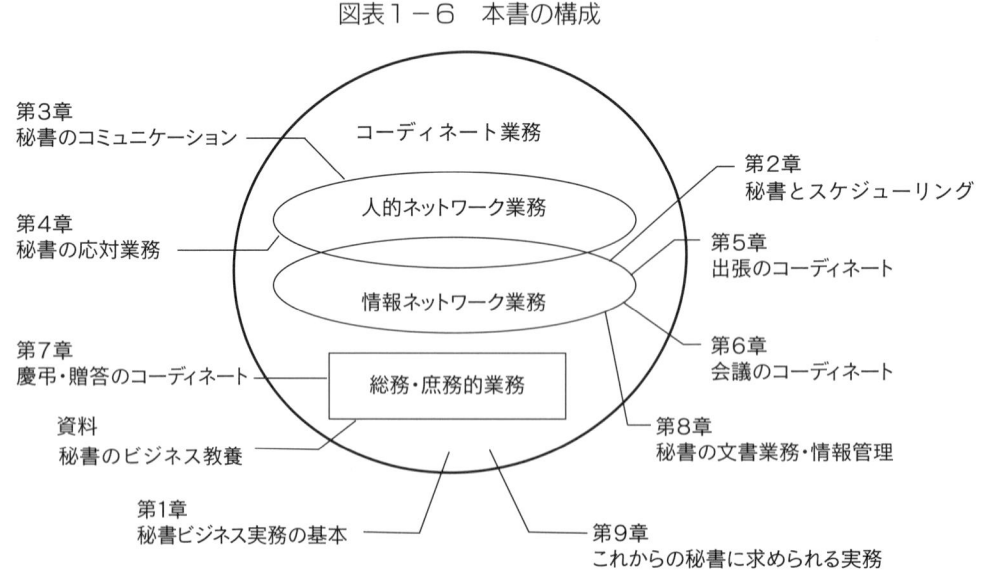

ワーク業務の要素を含んでいます。

図表1－7　ホシノ・ビバレッジの概要

会　社　名：株式会社　ホシノ・ビバレッジ
業　　　種：飲料メーカー
事業内容：清涼飲料水製造・販売
取扱商品：瓶・缶・ペットボトル各種飲料水
従 業 員：800名

会社のマーク

3）ストーリーの設定

　主人公のAさんが働く企業は「株式会社ホシノ・ビバレッジ」という飲料を中心としたメーカーです。ホシノ・ビバレッジは従業員800名の中堅企業です。
　図表1－2に示した株式会社ホシノ・ビバレッジの秘書課のフロアレイアウト、図表1－8の組織図を参考に本書の学習を進めてください。ホシノ・ビバレッジは株式会社なので、株主総会が会社の最高意思決定機関です。事業に関する意思決定は取締役会で行います。役員とは、代表取締役社長、専務取締役、常務取締役、取締役ならびに、監査役と社外取締役のことを言います。
　図表1－8の組織図に示すとおり、役員のもとに、管理本部、営業本部、製造本部の3つの本部があります。一般に管理本部をスタッフ部門(間接部門)、営業本部・製造本部をライン部門(直接部門)と呼びます。ホシノ・ビバレッジの場合、秘書課は管理本部の中にあって、役員の補佐の業務を行います。
　秘書課には、課長の福山雅美さん、先輩秘書の山本舞さん、そして新人秘書のAさんが所属しています。福山課長は星野社長、山本さんは中井専務、Aさんが木村専務を担当することとなりました。
　Aさんは入社2年目。総務部に所属していましたが、8月1日付の人事異動で秘書課に異動になりました。辞令交付式でp.14の辞令が交付され、秘書としての第一歩を踏み出すことになりました。辞令とは、役職などを任免する時に、その旨を記して渡す文書のことで、任命書とも言います。辞令を交付されることを「発令」と言います。

4）学習の進め方

　Aさんの体験事例を通じて、秘書ビジネス実務の学習を進めます。実際の秘書の仕事を体験しながら、自分で解答を考えて仕事を進める方法で学んでいきます。
★ 実践事例から気づきを促す──自分で考える
　本書は、自分で考える習慣を身につけ、率先して行動できる秘書ビジネス実務能力の

育成を目指しています。各章の冒頭の事例を読んで、問題に答えてください。

まず、どうしたらよいか考え、自分がすべきことを書き出してください。問題の次に予備情報や業務の図解説明を用意しましたので、それを参考に考えてみましょう。正解がわからなくても結構です。これから学ぶ内容をイメージし、問題意識を持つことが大切です。

本文も、秘書Aさんの事例を中心に説明をしています。秘書Aさんの状況に身を置いて、各場面でどのように判断し、行動するべきか考え、対応できるようになりましょう。会社の規模・規則・慣習などによって、秘書に期待される役割はさまざまです。秘書実務の学習を通じて、状況に合わせて判断するという秘書の最も重要な能力を伸ばしてください。

★ 演習問題で行動を促す――自ら動く

実際に秘書課で起こり得る内容を演習課題にしています。ホシノ・ビバレッジの秘書Aさんの立場に立って、月間スケジュール表・役員予定表、会社の組織や社外の関係者に関する情報を参考にしながら、解答してみましょう。演習問題に答えるだけではなく、一歩進んで、さらに秘書Aさんとしてなすべきことを考えて、ToDoリスト（すべきことを書き出したリスト）を作成してみることにもチャレンジしてみてください。

ToDoリストをもとに、業務に優先順位をつけて処理する癖をつけましょう。どのようなことも書き出すことによって明確になるので、もれやミスを防ぐためにも、リストでチェックしましょう。ビジネスでは、時間を効率的に使うことが求められます。秘書としてのタイムマネジメント力を発揮して正確で迅速な業務処理を実行していきましょう。

このような能力は、有意義な学生生活を過ごすためにも役立ちます。秘書ビジネス実務で学んだことを日常生活で活かすことによって、実践力として身についてきます。

★ 資料の使い方

第2章から第9章までが秘書実務を学ぶ本編です。資料は、自習で理解できる内容になっていますので、秘書に必要なビジネスの一般知識・常識の理解を深めるために活用してください。秘書検定の問題にも対応しています。

第1章 秘書ビジネス実務の基本

図表1-8　株式会社ホシノ・ビバレッジの組織

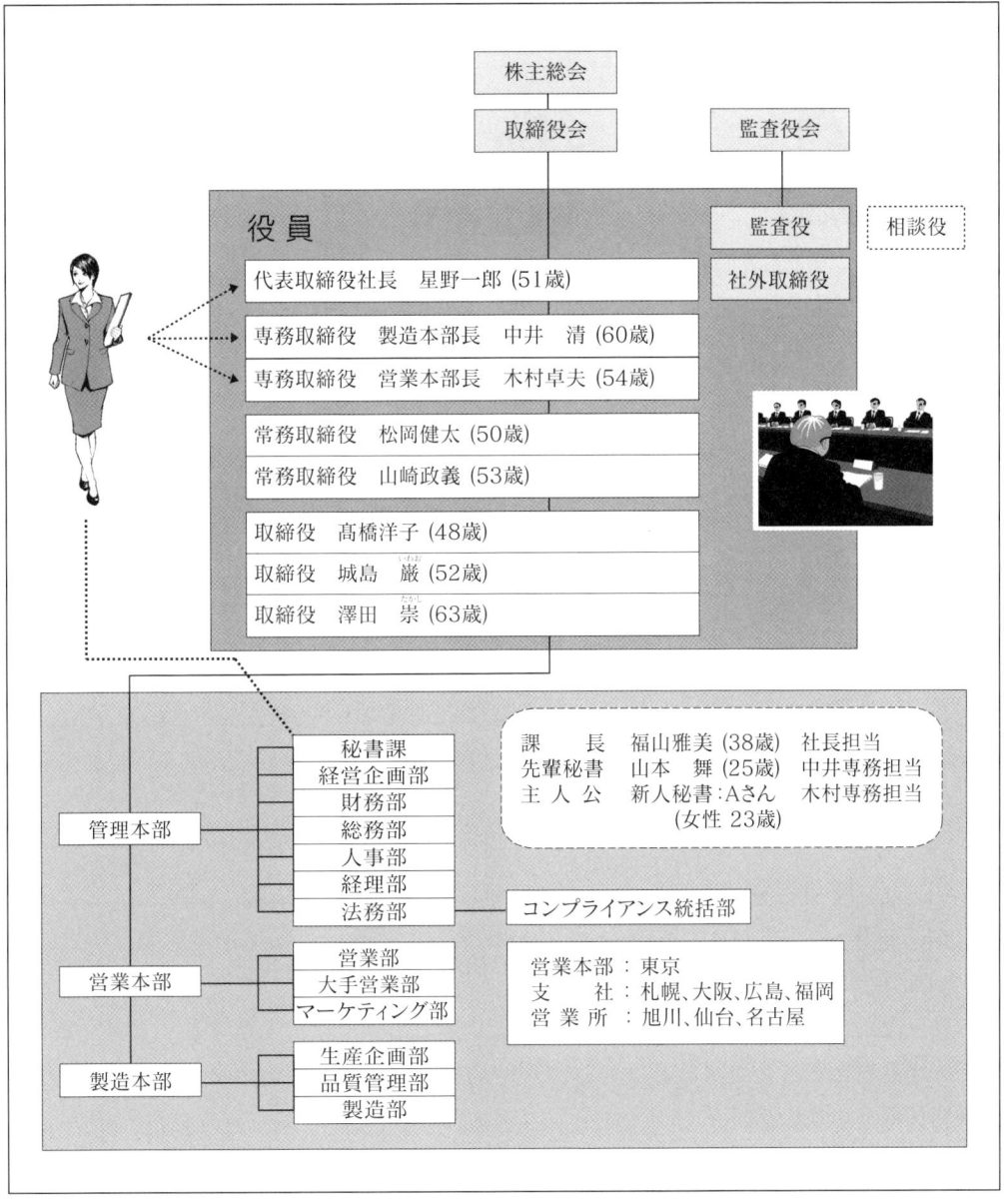

☞ 調べてみよう
① 役職の順序は、専務と常務はどちらが上位職でしょうか？
② 重役とはどの役職を言うのでしょうか？
③ 監査役とは何をする人でしょうか？
④ 辞令とはどのようなものでしょうか？
⑤ 人事異動とはどのようなことを言うのでしょうか？

図表1-9　秘書課の概要

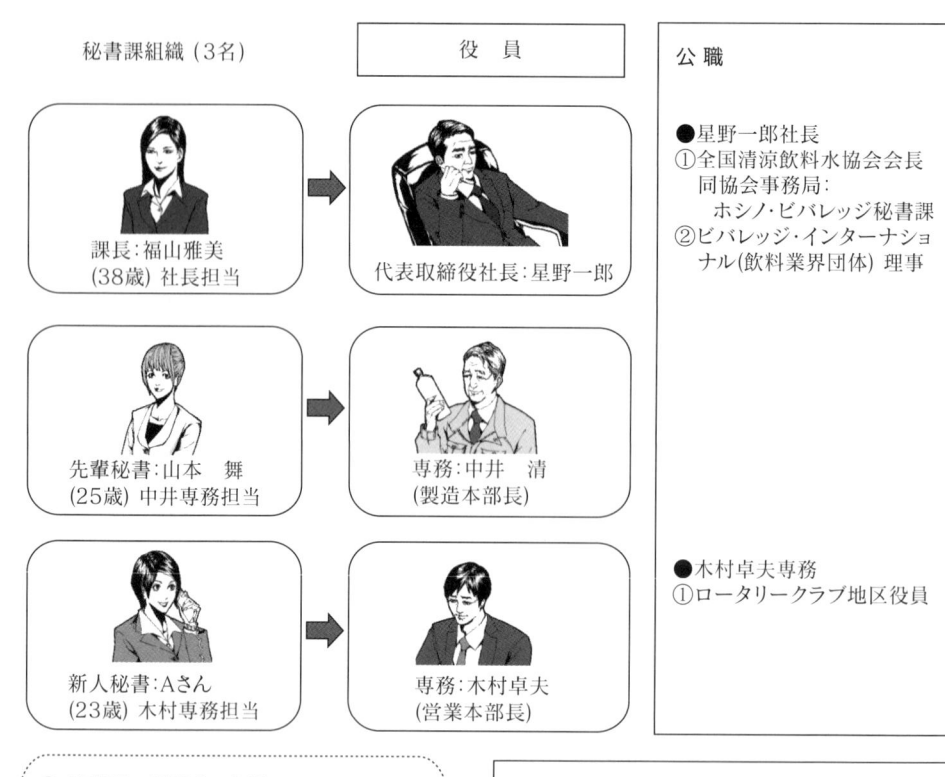

〔秘書の採用〕

秘書として新卒者を採用することはあまり多くありません。通常、一般社員として採用された後、数カ月、あるいは数年の勤務を経て、適性のある社員を登用する方式が取られています。

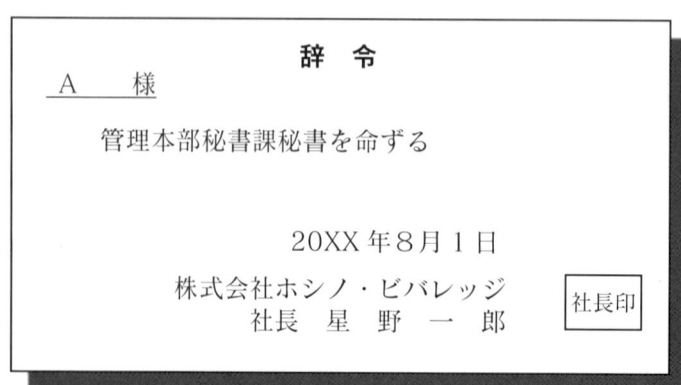

第2章　秘書とスケジューリング
～秘書は時間管理のプロフェッショナル～

> 学習のねらい
>
> 　秘書の第一の仕事は、上司のスケジュールを管理することです。関連する社内・社外の業務や人との関係を把握し、上司の指示に従って無理や無駄のない予定を立てていきます。また、予定の変更にも臨機応変に対応しなければなりません。スケジューリングのミスは、場合によっては会社全体に影響を及ぼしかねず、決して許されるものではありません。
>
> 　本章では、どのような業務においても基本となるタイムマネジメントの基本を学びます。

1．秘書とスケジューリング

　秘書は毎朝、上司の出勤後に必ずその日のスケジュール確認を行います。予定の変更や追加、また準備、手配するものなどを確認し、常に優先順位を考え確実に予定を進めます。同時に上司の表情や声から体調を把握し、業務を進める上で差し障りがないか健康管理に気配りすることも秘書の役割です。秘書にスケジュール管理を任せることにより、上司は安心して本務である交渉や会議、面談などをこなすことができます。

> **木村専務のスケジューリング**
>
> 　今日は9月2日（月）、ここは、株式会社ホシノ・ビバレッジ秘書課です。あなたは新人秘書Aさんです。あなたは木村専務秘書として、専務のスケジュールや役員スケジュールを管理しながら秘書として業務を進めています。9月～11月までの3カ月間のスケジュールを用意しました。全体に目を通してください。現在はまだ空いている日がありますが、これから日を追うごとに予定は詰まっていきます。
>
> 　木村専務は仕事をできるだけまとめて早く済ませたいタイプで、午前中はなるべくデスクワーク、午後は面談を入れて行きたいようです。ゆったりとした日と忙しい日、というように、仕事はメリハリをつけて進めたいとふだんの何気ない会話からAさんは感じ取っています。

問題　これからスケジューリングを体験します。本日、たくさんのアポイントメント（面会・会合などの予約）が入りました。専務の仕事のスタイルを意識しながらスケジュール表に書き加えてみましょう（p.20からの月間スケジュール表使用）。

アポイントメントが3件入りました。
- AP 1　KK銀行山田支店長からお電話があり、至急新規事業融資の件で訪問を希望されています。本日9月2日（月）の午後が空いておりますが、14時からでいかがでしょうか。時間は30分ほどかかるそうです。
- AP 2　10月9日（水）に日日新聞の社会部の上野記者が、取材のため来訪を希望しています。取材目的は「飲料と健康志向」について当社の状況を取材したいとのことで、所要時間は1時間ほどいただきたいとのことです。14時でいかがでしょうか。
- AP 3　石原総務部長が創立50周年式典の件で30分ほど打ち合わせをお願いしたいとのことです。9月12日（木）の都合のよい時間を希望されています。この日は13時がよろしいかと思いますがいかがでしょうか。

わかった。全部そのとおり予定に入れておいてください。

　ああそうだ、11月1日（金）に、私の出身大学の同窓会王門会が開催されるということで、出席することにした。時間は18時から20時、場所はホテルFMなので予定に入れておいてくれるかな。

　それと9月10日（火）の午後2時に商工会議所の総会にも出席することにしたので、よろしく頼む。

> ポイント：アポイントメントが入ったら、秘書は適した日時の候補を挙げて上司と相談の上、決めていきます。急ぐ場合はなるべく早く面会できるよう配慮しましょう。

2. スケジューリングの基本と留意点

図表2−1

スケジュール表の組み方	・社内の年間行事（入社式、株主総会、定例会議等）を一番先に記入する。 ・関係する社外団体の年間行事（定例会議、何周年記念等）を記入する。 ・よく使うものは略字（例：同行はw／、ミーティングはM等）を決めて使用する。 ・移動時間に余裕を持たせ、過密なスケジュールにならないように注意する。 ・予定と予定の間は時間超過を考え15～30分くらい空けておく。 ・上司の健康状態を考慮して予定を組む。
優先する予定	・会社の重要行事 ・取締役会議・臨時会議、緊急会議
なるべく予定を避けた方がよい時間帯	・月曜日の午前中 ・出社直後、退社直前、昼食の直前・直後 ・外出や出張の直前・直後 ・重要なイベントや来客の直前・直後
スケジュール変更	・予定には変更がつきもの、変更がわかった時点で速やかに関係者に連絡し、お詫びと事情説明を丁寧に行う。 ・変更になったスケジュールは、スケジュール表上に痕跡が残るよう二重線を引いて消し、再度の予定変更がある場合に役立てられるようにしておく。スケジュール管理ソフト利用の場合はメモで残す。 ・仮予約は (仮) などのマークをつける。 ・変更したスケジュールは関係者にあらためて連絡する。
上司との日々の確認	・上司が出勤したらお茶を出し、スケジュール表を見ながら予定の確認をする。 ・午後からの予定の念押しに、昼食に行く前に口頭で午後からの予定と時間を伝える。予定を忘れて戻る時間が遅れることを防止する。 ・退社時は、明日の予定、週末の退社時は来週の予定を簡単に口頭で確認する。
スケジュールの一元化	・ダブルブッキングを回避するため、上司が秘書に伝えず直接予定を入れていないか、たびたび確認する。 ・上司の手帳とスケジュール表を確認する。上司のスケジュール表は秘書が書き替える。
予定を時間どおりに進める工夫	・会議、面会が長引いた場合、次の予定に差し障りがないよう、メモで時間オーバーを知らせる。 ・メモを入れた際、上司の返事、合図を確認してから退室する。

3．スケジュールの種類

（1）秘書が管理するスケジュールの種類と用途

　スケジュールの種類は、年間スケジュール表、月間スケジュール表、週間スケジュール表、日々の予定表（日程表）の4つが基本的なものですが、秘書室ではその他に役員全員の予定を把握する役員スケジュール表、上司の出張時に作成する出張スケジュール表を作成します。それぞれの用途は図表2－2のとおりです。

図表2－2　スケジュール表の用途

年間スケジュール表	会社の創立記念日や株主総会など、年間の定例行事を書き込んでおく。行動の長期的計画として1年間の行動の流れを把握するために使う。
月間スケジュール表	月例の会議や主要行事、出張予定や来訪者予定などを書き込んでおく。ひと月の行動の流れを把握できるように1枚のシートにする。
週間スケジュール表	1週間の各曜日の日程について、朝8時から夜9時位まで記入できるシートを用意する。週末に翌週の予定を確定し、上司や関係者に確認する。会議名や外出予定、来訪者名などを書き込み、備考欄には連絡先住所や電話番号など備忘録として情報をこまめに書き込んでおくようにする。
日々の予定表(日程表)	その日一日の予定を1枚のシートに書き込む、分刻みの予定表。朝の打ち合わせ時に上司に渡し、最終確認をする。変更や追加項目をその場で確認し、業務の指示を受ける。実行の記録も付記する。
役員スケジュール表	役員全員の予定を集中管理するために作成する。役員間での会議の日程調整を行い、効率的なスケジュール管理を可能にする。
出張スケジュール表	出張の場合に作成する旅程表（出張スケジュール）。出張に関することのみを記載する。

コラム

新しい時代のスケジューリング

　現在では、グループウェア（コンピュータソフト）を使ってスケジュールや会議室、業務の進捗状況などを管理する会社が多くなっています。一度の入力で、上司および役員全員の日程表や週間スケジュール表を瞬時に作成することができるようになりました。また、企業のトップのスケジュールは原則公開しませんが、会議や打ち合わせなど、予定の一部を限られた人に公開することがあります。必要な人のみ情報が取れるようメンバー制限をして、機密情報が漏れないようセキュリティ対策を取ることもできます。
　グループウェア導入により、より確かな情報をより早く入手することができ、個人およびチームの業務の効率を各段に上げることが可能となりました。

第2章 秘書とスケジューリング

図表2−3 年間スケジュール表

4月			5月			6月			7月			8月			9月		
1	月	入社式	1	水		1	土		1	月		1	木		1	日	
2	火		2	木		2	日		2	火		2	金		2	月	
3	水		3	金	憲法記念日	3	月		3	水		3	土		3	火	
4	木		4	土	みどりの日	4	火		4	木		4	日		4	水	
5	金		5	日	こどもの日	5	水		5	金		5	月		5	木	
6	土		6	月	振替休日	6	木	全飲協理事会	6	土		6	火		6	金	
7	日		7	火		7	金		7	日		7	水		7	土	
8	月		8	水		8	土		8	月		8	木		8	日	
9	火		9	木		9	日		9	火		9	金		9	月	
10	水		10	金		10	月		10	水		10	土		10	火	
11	木		11	土		11	火		11	木		11	日		11	水	
12	金		12	日		12	水		12	金		12	月		12	木	
13	土		13	月		13	木		13	土		13	火		13	金	
14	日		14	火		14	金		14	日		14	水		14	土	
15	月		15	水		15	土		15	月	海の日	15	木		15	日	
16	火		16	木		16	日		16	火		16	金		16	月	敬老の日
17	水		17	金		17	月		17	水		17	土		17	火	
18	木		18	土		18	火		18	木		18	日		18	水	
19	金		19	日		19	水		19	金		19	月		19	木	
20	土		20	月		20	木		20	土		20	火		20	金	
21	日		21	火		21	金		21	日		21	水		21	土	
22	月	月例役員会	22	水		22	土		22	月	月例役員会	22	木		22	日	
23	火		23	木		23	日		23	火		23	金		23	月	秋分の日
24	水		24	金		24	月	月例役員会	24	水		24	土		24	火	
25	木		25	土		25	火		25	木		25	日		25	水	
26	金		26	日		26	水		26	金		26	月	月例役員会	26	木	
27	土		27	月	月例役員会	27	木		27	土		27	火		27	金	
28	日		28	火		28	金		28	日		28	水		28	土	
29	月	昭和の日	29	水		29	土		29	月		29	木		29	日	
30	火		30	木		30	日		30	火		30	金		30	月	月例役員会
			31	金					31	水		31	土				

10月			11月			12月			1月			2月			3月		
1	火		1	金		1	日		1	水	元旦	1	土		1	土	
2	水		2	土		2	月		2	木		2	日		2	日	
3	木		3	日	文化の日	3	火		3	金		3	月		3	月	
4	金		4	月	振替休日	4	水		4	土		4	火		4	火	
5	土		5	火		5	木		5	日		5	水		5	水	
6	日		6	水		6	金		6	月	仕事始め	6	木		6	木	
7	月		7	木		7	土		7	火		7	金		7	金	
8	火		8	金		8	日		8	水		8	土		8	土	
9	水		9	土		9	月		9	木		9	日		9	日	
10	木		10	日		10	火		10	金		10	月		10	月	
11	金		11	月		11	水		11	土		11	火	建国記念の日	11	火	
12	土		12	火		12	木		12	日		12	水		12	水	
13	日		13	水		13	金		13	月	成人の日	13	木		13	木	
14	月	体育の日	14	木		14	土		14	火		14	金		14	金	
15	火		15	金		15	日		15	水		15	土		15	土	
16	水		16	土		16	月		16	木		16	日		16	日	
17	木		17	日		17	火		17	金		17	月		17	月	
18	金		18	月		18	水		18	土		18	火		18	火	
19	土		19	火		19	木		19	日		19	水		19	水	
20	日		20	水		20	金		20	月		20	木		20	木	
21	月		21	木		21	土		21	火		21	金		21	金	春分の日
22	火		22	金		22	日		22	水		22	土		22	土	
23	水		23	土	勤労感謝の日	23	月	天皇誕生日	23	木		23	日		23	日	
24	木		24	日		24	火	月例役員会	24	金		24	月	月例役員会	24	月	月例役員会
25	金		25	月	月例役員会	25	水		25	土		25	火		25	火	
26	土		26	火		26	木		26	日		26	水		26	水	
27	日		27	水		27	金	仕事納め	27	月	月例役員会	27	木		27	木	
28	月	月例役員会	28	木		28	土		28	火		28	金		28	金	
29	火		29	金		29	日		29	水					29	土	
30	水		30	土		30	月		30	木					30	日	
31	木					31	火		31	金					31	月	

図表2-4　月間スケジュール表（木村卓夫専務）

※スケジュールはすべて連動しています。この後の章でも使用します。

9月

日	月	火	水	木	金	土
1	2 10:00～11:00 臨時役員会 11:00～12:00 販売促進対策会議 18:00～20:00 岡田商事「欧州飲料セミナー」	3 15:00～16:00 製造長期計画打ち合わせ	4 11:00～12:00 営業本部打ち合わせ 13:00～13:30 東京商事佐藤氏来訪 14:30～15:00 イデア商会訪問	5 11:00～12:00 岡田商事岡田社長来社 （中井専務同席）	6	7
8	9 13:00～13:30 岡田商事山本課長来訪	10	11	12	13 13:30 サンエー社斎藤専務訪問 18:30 林先生出版記念会	14
15	16 敬老の日	17 10:00～ カナダアボット夫妻来社 12:00～13:00 アボット夫妻と昼食	18 10:00～12:00 アボット夫妻都内見学案内 12:00～13:00 昼食 15:00 アボット夫妻見送り（成田空港）	19	20	21 8:00 社内ゴルフコンペ
22	23 秋分の日	24	25	26	27	28
29	30 10:00～11:30 月例役員会 14:00～ 山崎常務と打ち合わせ					

第2章　秘書とスケジューリング

10月

日	月	火	水	木	金	土
		1 10:00〜11:00 全国販促会議役員打ち合わせ	2	3	4 13:00〜14:00 創立50周年式典打ち合わせ	5
6	7	8	9	10	11 13:00〜15:00 全国代理店販売促進会議	12
13	14 体育の日	15 18:00〜20:00 山形県人会	16 18:30〜20:30 API社森下社長就任パーティ	17	18	19
20	21 海外出張 (イギリス) 12:00〜15:45 成田－ヒースロー (TL501)	22 13:00〜14:00 ロンドン札幌商事草薙氏訪問	23 14:00〜15:00 ABC社ブラウン社長と交渉	24	25 19:00〜 ヒースロー発 (TL502)	26 16:00　成田着
27	28 10:00〜11:30 月例役員会	29	30	31		

11月

日	月	火	水	木	金	土
					1	2
3 文化の日	4 振替休日	5	6	7	8 13:00 創立50周年式典打ち合わせ	9
10	11	12	13	14	15	16
17	18 13:00～13:30 岡田商事岡田社長来訪	19 11:35～13:00 東京→広島 (TAL1605便) 15:00～17:00 広島支社販促会議	20 10:11～11:18 広島→博多（新幹線つばき3号） 13:00～15:00 福岡支社販促会議 18:00～20:00 福岡商事矢野社長と会食	21 10:00～10:30 全国清涼飲料水協会訪問 13:00～14:35 福岡→東京 (TAL324便)	22 13:30～14:40 ABC社訪問 18:30～20:30 森下先生出版記念会	23 勤労感謝の日
24	25 10:00～11:30 月例役員会	26	27	28	29	30

第2章　秘書とスケジューリング

図表2−5　週間スケジュール表（木村卓夫専務）11月18日(月)〜11月23日(土)

	日程	備考
	8　9　10　11　12　13　14　15　16　17　18　19　20	
18日(月)	→ 　　　　　　　　　　　13:00〜13:30 　　　　　　　　　　　岡田商事岡田社長来訪 　　　　　　　　　　　（応接室A）	
	8　9　10　11　12　13　14　15　16　17　18　19　20	
19日(火)	出張（広島）→　　　→　　　　→　　　　→ 　　　　10:00　11:35〜13:00　13:00〜13:50　15:00〜17:00 　　　　出発　　東京→広島　広島空港→広島市内　広島支社販促会議 　　　　　　　　（TAL1605便）	空港お迎え（広島支社長斎藤課長）
	8　9　10　11　12　13　14　15　16　17　18　19　20	
20日(水)	出張（福岡）→　　　　→　　　　　　　　　　　　　→ 　　　　10:11〜11:18　13:00〜15:00　　　　18:00〜20:00 　　　　広島→博多　　福岡支社販促会議　　　福岡商事矢野社長と会食 　　　　（新幹線つばき3号）	料亭福丸 (天神1-1-1) (000-222-3333)
	8　9　10　11　12　13　14　15　16　17　18　19　20	
21日(木)	出張（帰京）→　　　　→　　→ 　　　　10:00〜10:30　13:00〜14:35　14:40〜15:30 　　　　全国清涼飲料水協会　福岡→東京　　（移動）帰社 　　　　福岡支部水田専務訪問　（TAL324便）	
	8　9　10　11　12　13　14　15　16　17　18　19　20	w／山崎常務
22日(金)	13:30〜14:40　　　　　18:30〜20:30 　　　　　　　　　　ABC社斎藤専務訪問　　森下先生出版記念会	エルパークホテル (03-333-4444)
	8　9　10　11　12　13　14　15　16　17　18　19　20	
23日(土)		

図表2−6　日々の予定表（日程表）11月22日（月）木村卓夫専務

時　間	日　程	備　考
8		
9		
10		
11		
12		
13　13:00 　　　13:30〜14:40	会社出発 ABC社斎藤専務訪問	CC w/ 山崎常務 新製品パンフレット持参
14		
15　15:00	帰社	
16		
17		
18　18:30〜20:30 19 20	森下先生出版記念会	お祝準備 エルパークホテル (03-333-4444)

（注）w/：with の意味。上の例では山崎常務が同行することを示す。
（注）CC：Company Car(社用車)の意味。

図表2-7　役員スケジュール表

	星野社長	中井専務	木村専務	松岡常務	山崎常務	髙橋取締役	城島取締役	澤田取締役
2日 (月)	10:00〜 臨時役員会	10:00〜 臨時役員会	10:00〜 臨時役員会 11:00〜販売促進対策会議 18:00〜 岡田商事「欧州飲料セミナー」	10:00〜 臨時役員会	10:00〜 臨時役員会	10:00〜 臨時役員会	10:00〜 臨時役員会	10:00〜 臨時役員会
3日 (火)		15:00〜 製造長期計画打ち合わせ	15:00〜 製造長期計画打ち合わせ		15:00〜 製造長期計画打ち合わせ		14:30〜 15:55 東京−広島 (TAL120)	
4日 (水)		11:00〜製造本部打ち合わせ	11:00〜営業本部打ち合わせ 13:00〜東京商事佐藤氏来訪 14:30〜イデア商会訪問				10:00〜 11:00広島支店打ち合わせ 13:30〜 14:50広島−東京 (TAL110)	10:00〜 大阪商事訪問

図表2-8　出張スケジュール表(広島)

月日	時間	日程	備考
11月19日 (火)	10:00〜10:40 11:35〜13:00 15:00〜17:00	空港へ移動 東京→広島(TAL1605便) 広島支社販促会議	CC 広島支社、CC 斎藤課長お迎え Aプラザホテル泊 0848-11-0000
11月20日 (水)	10:11〜11:18 13:00〜15:00 18:00〜20:00	広島→博多(新幹線つばき3号) 福岡支社販促会議 福岡商事矢野社長と会食	福岡支社、CC 料亭福丸(天神1-1-1) 000-222-3333 パレースホテル泊 092-111-2000
11月21日 (木)	10:00〜10:30 10:30〜11:30 13:00〜14:35 15:30	全国清涼飲料水協会訪問 福岡支部水田専務訪問 空港へ移動 昼食 福岡→東京(TAL324便) 帰社	福岡支社、CC CC

(2) スケジュール管理システム

　秘書業務全般をデジタルで管理する秘書室も増えています。企業によってはWeb版のスケジュール管理システムを導入し、ネットワーク化し、全社的に取り組む場合や、スケジューリングのパッケージソフトを取り入れ、ネットワークを通じず単独で利用する場合、また、インターネットプロバイダーが提供するスケジュール管理を利用する場合もあります。予定時間になると音で知らせてくれたり、共有メンバーを指定し共有化をはかるなど、さまざまに利用できます（第3章p.35参照）。

4. アポイントメントの取り方・受け方

　秘書にとってアポイントメントを取ること、受けることは、ほぼ毎日のように行う業務です。秘書は入るアポイントメントをただ受けるだけではなく、会わせるべき人かどうかを判断しながら受けていかなければなりません。会いたいと願う人全部に上司が会うわけにはいかないからです。たとえば、社長に面識のない会社の営業係長が面談を求めてきたとしても、そのまま会わせることはほとんどありません。

　ビジネスで会う場合、職位が大きく関係します。会社の規模にもよりますが、社長クラスが面談する場合は、相手も社長、あるいは専務、常務というような役職の人になります。面識がない場合、係長、課長クラスのやりとりが先にあって、ある程度の情報交換ができた段階で、より上位の職にある人同士が会い、重要な商談が決まるというのが通常だからです。なお、社長クラスの職位、権限を持った人同士が会い、交渉をすることは最終決定段階に入ることを意味します。

図表2-9　アポイントメントの取り方・受け方の留意点

アポイントメントの取り方
- 先方の所属・役職・氏名、用件、希望日時、所要時間を上司に確認する。
- 先方に秘書課や秘書室といった秘書部門がある場合は、直接本人に連絡するのではなく部門を通す。
- アポイントメントを取る際には、日時・曜日・時間・場所など、聞き違い、勘違いによるミスが生じないように十分に確認（数字の読み合わせ、復唱）して、予定を確定する。

アポイントメントの受け方
- 先方の所属・役職・氏名、用件、面会希望日時、所要時間、電話番号、同行者の有無などを確認する。
- アポイントメントの申し入れがあった場合、秘書が即答をしてはならない。上司に確認をとってから返事をする。
- 「〇日は空いているか」と日程を聞かれたら、「現段階では予定は入っていないが、上司が既に予定を入れている場合もあるため確認をとってから返事をする」と応える。

図表2-10　アポイントメントの流れ（秘書がいる場合は、秘書対秘書でやりとりをする）

ホシノ・ビバレッジ　木村専務　―　ホシノ・ビバレッジ　秘書課秘書A　―（アポイントメント／※上司に確認してから返事）―　岡田商事　秘書課秘書B　―　岡田商事　岡田社長

上司からの依頼 ▷ 秘書から相手の秘書（部門）へ連絡 ▷ 相手の秘書が上司に確認 ▷ 相手の秘書から秘書へ返答 ▷ 上司へアポイントメント成立の連絡 ▷ スケジュール表記入（入力）

5．スケジューリングとタイムマネジメント

（1）タイムマネジメントの要点

　ほとんどの仕事は単独で成立するわけではなく、他者あるいは他社との関係で成り立っています。したがって、予定どおりに物事を進めなければ関係する人や会社に迷惑をかけるだけではなく、取引自体ができなくなるなど会社に損害を与えることにもなるため、時間を管理すること、つまりタイムマネジメントは秘書にとって最重要課題となります。

　秘書は上司のスケジュール管理をする際、常に優先順位を念頭に置いて取り組むことが求められます。たとえば、ホシノ・ビバレッジにおいて「東京商事は現在、最大顧客である」、「岡田商事とは今、新製品の茶葉の重要な取引をしている」、「カナダのアボット氏は20年来の友人である」など、その時の会社の状況や、個人の関係などを熟知して、今は何が優先するかを判断しながら日程の管理を行います。特に、何時に始まり何時に終わるのかと、終わりの時間をしっかり入れることが大切です。そして面談などが時間になっても終わらないときは上司にメモを入れるなどして終わりを促します。秘書は時間を管理するプロフェッショナルであるという意識が求められます。

（2）スケジュール変更への対応

　スケジュールには変更がつきもの、上司自身の予定変更、相手からの変更依頼、アクシデントなどによる変更などいろいろな理由で予定は変更になる可能性があります。秘書の対応によりスムーズに進む場合と、対応の悪さから今後の関係にヒビが入る場合もあります。変更が入ったらすぐにスケジュール調整をして、関係する部署への連絡や会議室のキャンセル・確保等、関連の処理を迅速に済ませます。時間を置かないことが鉄則です。

第2章　秘書とスケジューリング

■ 演習問題

(a) アポイントメント確認と連絡

① 木村専務から9月10日（火）に岡田商事の岡田社長にアポイントメントを取ってほしいと言われました。電話をかける前に、上司に内容の確認を行います。以下の情報をもとに右のシートを作成し、口頭で上司に確認をしてください。

アポイントメント確認シート	
先方社名	
電話番号	（　　）　－
先方役職・氏名	
同行者	
希望日時 第2候補 （所要時間）	年　月　日　時 　年　月　日　時 （　　　　分）
用件	

秘書A　　：希望時間はございますか？
木村専務：10日の午後からにして欲しいな。
　　　　　10日が無理なら11日の午後にお願いしたい。
秘書A　　：訪問の所要時間はどのくらいでしょうか？
木村専務：30分もあれば十分だよ。
秘書A　　：どのようなご用件で訪問をされるのでしょうか？
木村専務：新製品用の茶葉原料の相談でお目にかかりたい。
秘書A　　：同行される方はいらっしゃいますか？
木村専務：中井専務も一緒に行ってもらおうと思っている。

② では、上司との確認を実際に声に出してしてみましょう。2人1組で、1人は上司、もう1人は秘書になり会話をしてください。下記にその会話を書いてください。

復唱いたします。…

③ 2人1組になって、先方の秘書へ電話でアポイントメントを取ってください。1人は秘書A（自分の氏名を使う）、もう1人は岡田商事秘書B（自分の氏名を使う）となって電話会話をします。その際の電話での会話を枠内に書いてください。

> 　私、株式会社ホシノ・ビバレッジ秘書課の（　　　　）と申します。いつもお世話になっております。…

(b) アポイントメント変更とスケジュール調整

> 　9月2日(月)の夕刻です。木村専務から次の連絡が入りました。
> 木村専務の親族に不幸があり、4日(水)の11時からの営業本部打ち合わせには戻れない。午後1時に変更してもらえれば間に合うが、変更が可能か中井専務に確認して欲しい。大変迷惑をかけて申し訳ないが。今回の打ち合わせは急を要する内容でこの日に結論を出さなければならず、自分が主催していることもあり、こちらの都合に合わせてもらうことで恐縮している、とのこと。
> 　この連絡を受けた後、どのように対処したらよいか、秘書の行うことを時系列に箇条書きにしてみましょう。

① アポイントメント変更を受ける流れを書いてください。

② 電話連絡をしてみましょう
　　上記のスケジュール調整から電話連絡が発生します。電話応対の会話をペアを組んで行ってみましょう。
　　・東京商事佐藤氏へ
　　・イデア商会へ

第3章　秘書のコミュニケーション
～感じのよい秘書をめざして～

学習のねらい

　上司は社内外の組織や人々と連携し、コミュニケーションをとって職務を遂行しています。秘書の仕事は、忙しい上司が仕事を効率的にスムーズに行うことができるように補佐することです。特にスケジュール管理や連絡・調整などのコーディネート業務を通して上司の業務の補佐を行います。

　秘書がよりよい補佐を行うためには、上司の職務内容や人柄を知り、職務にともなう組織構造や多様な人間関係を理解し、その時々の状況をしっかりと把握しておく必要があります。その上で、上司の指示や命令を受け、上司の意図を汲み取り、状況を配慮して、ミスのないように業務を遂行します。

　この章では、秘書が行う日常業務の重要なポイント、印象形成、上司とのコミュニケーションのあり方を学びます。

1．一日の仕事の準備と上司とのコミュニケーション

（1）秘書の仕事とコミュニケーション

　秘書の仕事は、会社に到着すると同時に始まっています。上司が仕事を快適にできるように、職場環境を整備し、資料の整理や郵便物の整理などは朝のうちに終わらせます。また、上司との打ち合わせに必要な資料やスケジュールの確認など、上司が出社する前にしておくべきことは数多くあります。上司が出社してからは、一日の仕事の打ち合わせをして、仕事の指示を受け、上司とのスケジュールの確認などを行います。

　この章では、仕事を予定通りに進めるために欠くことのできない、仕事の手順や上司とのコミュニケーションについて学びましょう。ホシノ・ビバレッジの秘書Aさんの事例をもとに秘書の仕事を考えてみましょう。

秘書が行う朝の仕事

　8月からAさんは秘書課に配属になりました。秘書課長の福山雅美さんと先輩秘書の山本舞さんの下で、新人秘書として、木村専務の担当になるように福山課長から指示されました。Aさんは、まだ仕事の段取りや手順を十分理解していないこともあり、先輩に相談したり、仕事の遅れや失敗で助けてもらうことも多くあります。

　今日は9月5日(木)です。朝、まだ秘書という仕事に慣れていないAさんは、余裕をもって仕事ができるように、上司が出社する40分前に出社しました。Aさんは、出社してどのような仕事から始めたらよいか考えてみましょう。

問題　p.3、13のホシノ・ビバレッジの組織やレイアウトを参考にして、秘書が朝出社してやるべき業務や上司が出社してからやるべき事柄を考えてみましょう。

第3章 秘書のコミュニケーション

(2) 秘書の基本業務と人間関係

1) 秘書の基本業務と業務内容

秘書の仕事には、総務・庶務的業務、人的ネットワーク業務、情報ネットワーク業務、コーディネート業務の4種類の業務があります。次の図のように、多様な仕事から成り立っています。

図表3-1　秘書の基本業務と業務内容

業務	内容	詳細
総務・庶務的業務	・環境整備 ・冠婚葬祭関連業務 ・経理的処理 ・稟議書と決済 ・危機管理 ・その他	・毎日の環境整備や消耗品や備品の購入 ・関係者の慶弔事、贈答、見舞いなどの手配 ・小口現金の管理、諸会費の支払い ・稟議書等の決裁書類の受け渡し ・上司の健康管理や食事の手配 ・クレーム処理、マスコミ対応
人的ネットワーク業務	・社内外の連絡・調整 ・来客応対 ・電話応対 ・外国のお客様との電話応対など	・上司の仕事にかかわる、社内外の連絡・調整 ・上司のお客様の受付、案内、茶菓の接待 ・電話の取り次ぎ、代理での電話、電話での伝言 ・英語などの外国語による電話をかける、受ける
情報ネットワーク業務	・スケジューリング（日程管理） ・文書業務 ・ファイリング ・その他	・上司の仕事にかかわる日程・時間の管理。会議・来客・外出・訪問などのスケジュール管理 ・スケジュール表作成（年間・月間・日々予定表） ・関連部署への連絡 ・アポイントメントの調整や配車の手配 ・起案文書・契約書の作成と補助 ・案内状、礼状、挨拶状の作成と発送 ・郵便、宅配便、メールの受発信と記録 ・文書ファイリング ・新聞、雑誌、資料のスクラップ ・名刺、顧客情報、名簿の管理 ・慶弔記録の管理
コーディネート業務	・出張業務 ・会議・会合 ・行事・イベント ・会食 ・その他	・出張用各種チケットやホテルの手配、出張先との連絡 ・旅程表の作成、関係部署への連絡や出張費用の精算 ・会議の案内、出欠の管理、配布資料や機器の準備 ・会議会場の準備、運営、議事録の作成 ・式典・会食・パーティーの企画、運営 ・ゴルフコンペなど行事、イベントの準備と運営 ・社内外の関係者との調整など

2) 秘書にかかわる内外の人間関係

秘書は、上司の指示に従い、会社内外の人から依頼・連絡・取り次ぎを受け、調整の業務を行います。上司だけでなく、社内のさまざまな部署や関連会社などとの関係の中にいます。また、社外の取引先、業界団体などの多様な人間関係の中で仕事をします。

図表3-2　秘書にかかわる社内外の人間関係

```
┌─────────┐                    上司                    ┌─────────┐
│  社内   │               ┌─────────┐                  │  社外   │
│ ……… │               │         │                  │ ……… │
│  役員   │         ┌指示┐ ┌報告┐                    │  株主   │
│ 監査役  │         │命令│ │連絡│                    │ 取引先  │
│ 各部門  │         └──┘ │相談│                     │業界団体 │
│ ……… │  依頼・連絡・取次 └──┘  依頼・連絡・取次      │関係団体 │
│関連組織 │ ←─────── 秘書 ───────→                    │業界他社 │
│ 各支店  │  依頼・連絡・調整      依頼・連絡・調整      │ 官公庁  │
│ 子会社  │                                            │マスコミなど│
│グループ会社│                                          │(上司の家族)│
└─────────┘                                            │(上司の友人)│
                                                      └─────────┘
```

（3）秘書の朝の仕事

秘書の仕事の基本は、上司が仕事をスムーズに行うための手助けをすることです。朝、出勤したAさんは、上司が出勤する前に、上司が気持ちよく仕事にとりかかれるように、次のような仕事から始めます。次のAさんの事例をもとに、必要な仕事を一通り理解し、左の確認ポイントで重要なポイントを確認しましょう。

確認ポイント！

■上司の出社前
・環境整備

・応接室の環境整備

・資料・郵便の整理
　新聞、雑誌、書類の片付け、整理

・郵便・メールの整理
　整理とチェック、プリントアウト

1）上司が来る前にする仕事

① 環境整備 …… 上司の部屋や応接室の環境整備

上司が出勤した時に、室内がみだれ、整頓されていなければ気持よく仕事にとりかかることはできません。Aさんは上司の部屋に行き、まだ日中暑いので空調のスイッチを押し、ブラインドを上げて朝の光を入れました。

次に、応接室の様子を確認しに行きました。今日は第一応接室で、岡田商事の岡田社長との面談の予定があります。ソファーは乱れたり汚れていないか、絵の位置は曲がっていないか、カレンダーは9月になっているか、備え付けの雑誌や新聞・広報誌などは出したままになっていないか、最新か、などをチェックし、整理します。応接室がいつでも来客との面談に使えるように準備します。

② 資料の整理 …… 新聞・雑誌・書類の片付けと整理

部屋や応接室のチェックをすると、新しい広報誌とともに古い広報誌や新聞が置かれていることに気付きました。Aさんは応接室の古い新聞を片付け、時間のある時に広報誌の整理をしようと思いました。朝、入口の新聞置場から取ってきた今日の新聞を上司のデスク上に置きます。

③ 郵便・メールの整理 …… 整理とチェック、プリントアウト

第3章 秘書のコミュニケーション

部屋や応接室のチェックの後、コンピュータでメールをチェックします。上司に関係のある事項が入っているメールは、上司に報告できるようにプリントアウトします。郵便物は緊急のものを上にして、整理しておきます。親展は開封せずに渡します。対応の必要なものは説明して、指示を受ける準備をしておきます。

④ お茶の準備 …… お湯、茶器の準備

上司は出勤した直後か打ち合わせの前に、お茶を飲みます。Aさんは、上司が出勤したらすぐにお茶を出せるようにお湯を沸かし、急須や湯飲みなどの茶器を準備しておきます。

⑤ スケジュールの確認 …… 上司と自分の今日の予定の確認

・上司のスケジュールの確認

上司は打ち合わせを短時間で要領よくすることを望んでいます。また、何度も指示を出すことを嫌がります。Aさんは、短時間で、もれのない打ち合わせができるように、今日の打ち合わせで必要な上司のスケジュールを確認します。

今日は11：00から岡田商事の社長が来社します。Aさんは、来社時間の変更や同行者があったことを思い出して、来社時間、同行者の役職や名前を確認します。

・自分の仕事予定の確認

上司との打ち合わせで、仕事の進捗(しんちょく)状況を確認し、今日すべき仕事と指示を仰いだほうがいい項目についてチェックします。

⑥ 社用車の運転手から連絡を受ける …… 上司の出社時間の確認

上司の乗った車が渋滞にまきこまれ、予定の出勤時間より少し遅れるという連絡が入りました。朝の準備を終えたAさんは、次の仕事にとりかかります。

2) 上司が来てからする仕事

① お茶を出す

上司が出社したので、「おはようございます。今日もよろしくお願いします」と朝の挨拶をしました。先輩秘書に聞いたところ、木村専務は濃いお茶が好きなので、準備していたお茶を濃いめにいれ、お盆に載せて持っていきます。

② 朝の打ち合わせ

・上司の今日のスケジュールの確認

サイドバー:
- お茶の準備
- スケジュール確認
- 上司のスケジュール確認
- 自分の仕事予定の確認
- 運転手との連絡

■上司が来てからする仕事
- お茶を出す
- 朝の打ち合わせ
- 上司の今日のスケジュールの確認

確認ポイント！	

・変更点の確認

・突然の連絡と報告

・仕事の指示を受ける

■今日の仕事のリストアップとスケジュール化

　上司がお茶を飲み終わったころ、「今日の打ち合わせを始めようか」と言われたので、「はい」と答えて、メモ帳とスケジュール表をもって上司のところに行きます。
　一日のスケジュールについて確認します。今日は午前中に岡田商事の岡田社長が、新しい飲料用の茶葉に関する商談のために来社する予定です。第一応接室で応対し、星野社長、木村専務に中井専務も同席する予定です。
・変更点の確認……来社時間と同行者数の変更
　予定が変更になった点は、特に丁寧に話をします。時間が1時から11時に変更になったこと、松田営業部長が同席すること、昼食は12時に第2応接室に準備することを確認します。
・突然の打ち合わせとスケジュールの変更
　社長秘書の福山課長から、販売データについて確認しておきたいことがあるので、社長が専務と10時30分に事前打ち合わせをしたいので調整して欲しいとのメールが入っていました。Aさんはメールのプリントしたものを専務に示し、報告します。
・岡田社長との面談についての指示を受ける
　昨日Aさんは、今日の会議用の資料の印刷の指示を受けていました。その日のうちに資料をコピーして、上司のデスク上に置き、報告します。岡田社長との面談について指示を受けます。
　「時間が変更になっているので、間違いのないように」
　「パソコンを使うかもしれないので準備してほしい」
　「12時すぎには、昼食を準備しておいてほしい。岡田社長はうなぎが好きだと聞いているのでよろしく頼む」
・仕事の指示を受ける
　次に、郵便物を手渡し、概要について説明します。
　メールの返信、郵便物などの処理について指示を受けます。

3）今日の仕事のリストアップとスケジュール化
　職場では、時間や期日を厳守することが基本です。予定された仕事を時間内で仕上げるために、今日するべき仕事をリストアップし、仕事の緊急度、重要度、仕事に要する時間などを考えてスケジュールを立ててから取りかかります。
　① 今日行う仕事をリストアップする
　② 朝一番に行う仕事をリストアップする

第3章 秘書のコミュニケーション

　③ 今日、電話やメールで連絡を取る人をリストアップする
　④ それぞれの仕事に必要なおよその時間を考え、1日のスケジュールにする

■仕事にとりかかる
・緊急の仕事から始める

4）仕事にとりかかる
　Aさんは指示された仕事の手順を考え、確実にしなければならない、緊急を要する仕事からとりかかることにしました。

・総合受付への連絡

① 総合受付への連絡
　上司との打ち合わせが終わった後、Aさんは上司から指示を受けた仕事で、急ぐ必要のある仕事から始めます。まず、総合受付に電話を入れ、岡田社長の来社時間変更の確認と、岡田社長に同行してくる松田営業部長の名前を告げます。

・昼食の予約

② 昼食の予約
　次に、近くの有名なうなぎ屋に電話を入れ、5人分を11時30分までに届けてもらうように、予約します。

・応接室に、資料・パソコン・プロジェクターを準備

③ 応接室に、資料・パソコン・プロジェクターを準備
　木村専務から準備しておくように指示されたパソコン、プロジェクターと資料を応接室にセットしておきます。

（4）秘書業務の情報化

確認ポイント！

■秘書管理システムと秘書の仕事の変化

1）秘書業務管理システムの導入と秘書の仕事の変化
　近年、秘書業務の効率化と情報共有のために、秘書管理システムを導入しているところが多くなっています。あらゆる情報が一元管理されており、モバイル機器からもデータが閲覧できるので、どこでも素早く情報を取り出せます。

・秘書業務管理システムで管理する情報

① 秘書業務管理システムで管理する情報
　秘書業務管理システムには、次のような情報を蓄積して活用します。

　・役員スケジュール
　・受付面談予約状況
　・会議室・応接室予約状況
　・配車管理
　・慶弔記録
　・関係者名刺管理
　・メール　　・その他

（例）
役員のスケジュールが変更
　（同時に）⇩
・使用する会議室の情報も変更
　（変更後）⇩
・自動的にメールが起動し、スケジュールの変更を関係者に連絡

確認ポイント！

- 秘書管理システムの効果

■システムを有効に使いこなすポイント

たとえば、役員の会議スケジュールを変更すると、同時に会議室の情報が更新されて、新しい予約が自動的に入ります。また、スケジュール変更メールが関係者に発信されます。このように、秘書が役員のスケジュールを変更すると関係する情報が自動的に更新されるシステムになっています。

②秘書業務管理システムの効果

役員の会議スケジュールの変更の例でわかるように、秘書業務管理システムは情報共有と秘書の業務の効率化に効果があります。
- 役員相互の情報共有と秘書業務の効率化
- 役員・秘書にとって業務に有効なデータベースができる
- 各部門内に滞りがちな情報の共有と業務の標準化が実現できる

2）システムを有効に使いこなすポイント

秘書業務管理システムを使いこなすためのポイントを整理しておきましょう。内容の最新性・信頼性、情報のセキュリティを向上させるためには、次のように、情報のレベルを統一することが重要です。

① 常に情報を更新し、最新情報にしておく。
② 秘書情報管理システムと台帳管理を二重に行わない。どちらの情報が正しい情報か混乱する危険性がある。
③ 役員のスケジュールは極秘データである。情報の機密管理のルールに従って活用する。

図表3-3　秘書業務管理システムの画面例

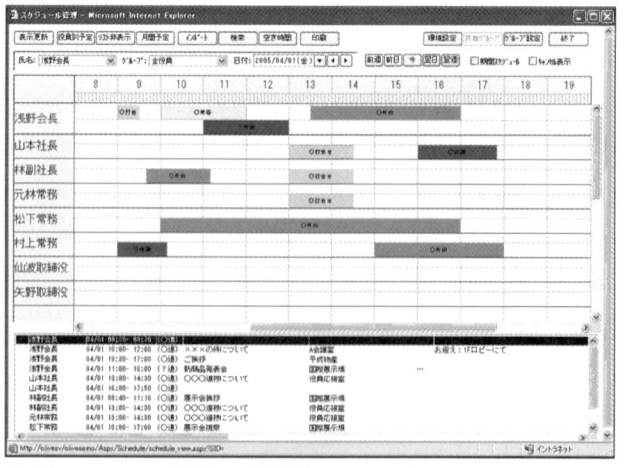

秘書室システム Olive（開発元：株式会社シーエーシー）のスケジュール管理画面

2．感じのよい秘書になる

（1）印象形成とコミュニケーション

　秘書は仕事の性質上、社内外の多くの人と電話で連絡をとり、お客様を出迎え、案内し、接待をします。とくに、秘書の応対する相手は重要な地位にある人が多く、秘書の印象が会社の印象に大きな影響を与えます。そのためには、秘書は相手によい印象を与え、感じのよい秘書であることが大切です。また、良好な人間関係を築くために、優れたコミュニケーション力を求められます。

　ここでは、社内外の人や多くのお客様との良好な人間関係を築き、優れたコミュニケーション力をもつ秘書になるためには、どのようなことが重要なのかを考え、印象形成（印象づくり）やコミュニケーションの方法について学びましょう。

秘書の印象形成の事例

　Aさんは新人秘書として働いていますが、先輩秘書からは、まだまだ秘書らしくないと言われています。Aさんは夢中で仕事をしていますが、毎日、今まで会ったことがない職位の高い役員や重要人物の訪問も多く、今までどんな仕事をする部署かまったく知らなかった部門関係者との関わりも日常的になりました。自分が上司や周りの人々から、どのように見られているか、時々不安になります。

　Aさんは、感じのよい秘書になりたいと考えています。そのために、Aさんはどのようにすればよいか考えてみましょう。

問題　会社の看板を背負う秘書として感じのよい秘書とはどのような秘書かを考えてみましょう。また、Aさんは先輩秘書から「秘書らしくない」と言われていますが、それはどういう意味か考えてみましょう。

（2）感じのよい秘書の条件 …… 重要な印象形成

　秘書は上司と社内外の人々との間にあって、取り次ぎや連絡、依頼や調整をします。人間関係をつなぐ、感じのよい秘書になるためにはよい印象形成が重要です。コミュニケーションに占める非言語的なコミュニケーションの割合は7～8割にもなります。第一印象は、ほんの数秒で決まり、後々までのイメージを左右します。良好なコミュニケーションの前提となる、相手と積極的に関わろうとする姿勢をつくるためには、印象がよいことが大切です。

　第一印象によって、コミュニケーションの基礎となる多くのものが伝わります。感じのよい秘書になるには、みだしなみや態度、表情、声や話し方、言葉遣いなどに注意することが大切です。

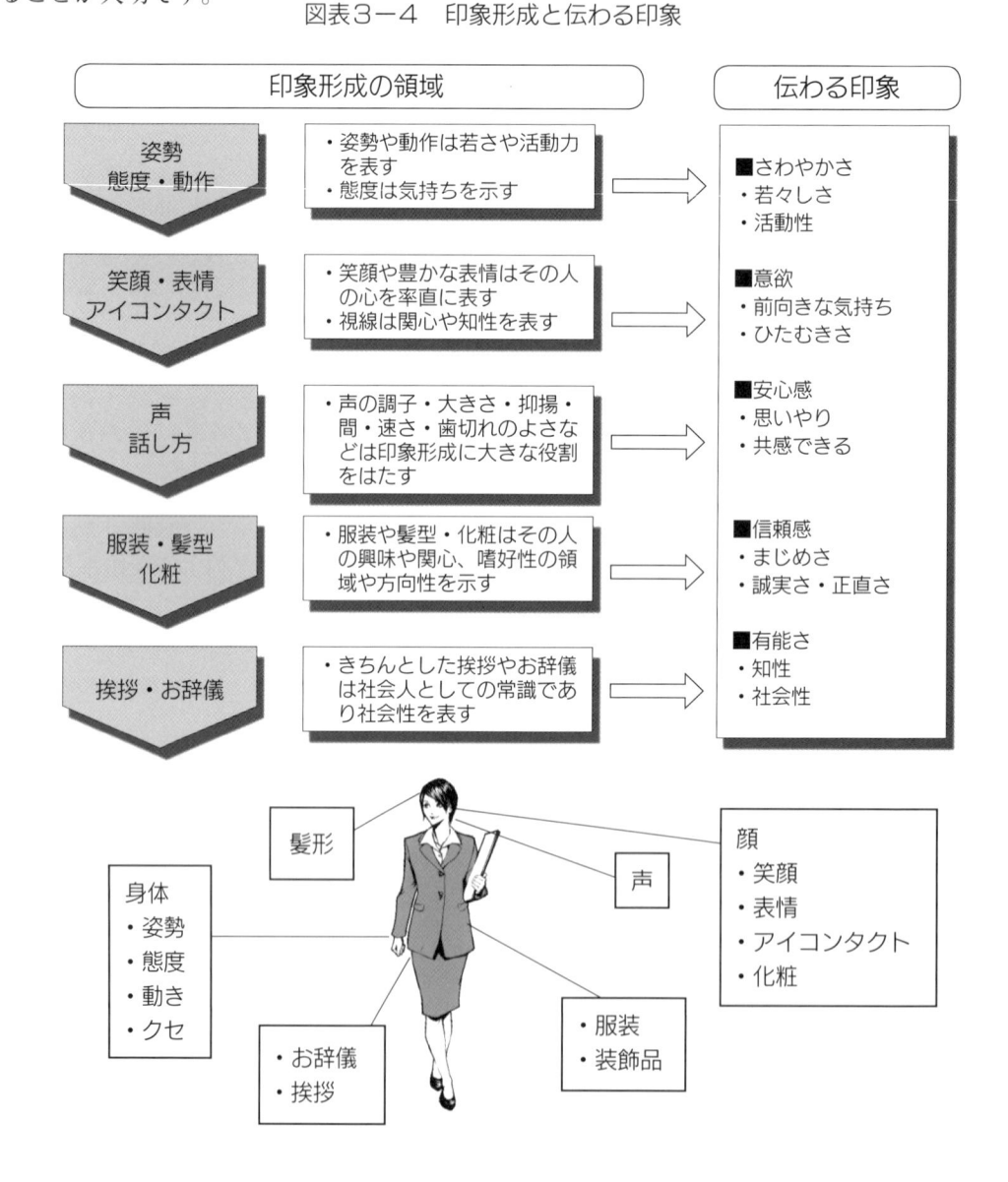

図表3－4　印象形成と伝わる印象

印象形成の領域		伝わる印象
姿勢・態度・動作	・姿勢や動作は若さや活動力を表す ・態度は気持ちを示す	■さわやかさ ・若々しさ ・活動性
笑顔・表情 アイコンタクト	・笑顔や豊かな表情はその人の心を率直に表す ・視線は関心や知性を表す	■意欲 ・前向きな気持ち ・ひたむきさ
声 話し方	・声の調子・大きさ・抑揚・間・速さ・歯切れのよさなどは印象形成に大きな役割をはたす	■安心感 ・思いやり ・共感できる
服装・髪型 化粧	・服装や髪型・化粧はその人の興味や関心、嗜好性の領域や方向性を示す	■信頼感 ・まじめさ ・誠実さ・正直さ
挨拶・お辞儀	・きちんとした挨拶やお辞儀は社会人としての常識であり社会性を表す	■有能さ ・知性 ・社会性

- 髪形
- 身体
  - ・姿勢
  - ・態度
  - ・動き
  - ・クセ
- ・お辞儀
- ・挨拶
- 声
- 顔
  - ・笑顔
  - ・表情
  - ・アイコンタクト
  - ・化粧
- ・服装
- ・装飾品

第3章　秘書のコミュニケーション

（3）印象形成のポイント
1）第一印象をよくする、相手の信頼感を得る

　人間の印象形成には、視覚的なもの（見た目）が重要な意味を持っています。次に聴覚的なもの（言葉遣い）が重要な意味をもっています。みだしなみや表情、動作や態度、声や話し方、言葉遣いなどが、印象形成に大きな役割をはたすのです。相手は、そこから、その人の意欲や知性・有能さ、共感能力や思いやり・誠実さ、若々しさなどを感じ取ります。それが、さわやかさや感じのよさなどの印象となり、その人への安心感、信頼感となります。

確認ポイント！
- 姿勢、動作、態度
- 表情、アイコンタクト
- 服装、髪型、化粧などのみだしなみ
- 挨拶・お辞儀

① 姿勢、動作、態度

　姿勢や動作は若さや活動力を表わし、態度は相手への気持ちを示すものです。Aさんは猫背ぎみになりやすいので、背筋は伸ばし、あごをひいて、姿勢をよくするようにしています。また、きびきびした動作を心がけ、新人秘書として、何事にも謙虚で真摯な態度でのぞむように心がけています。

② 表情、アイコンタクト

　表情はその人の心を率直に表わし、視線は関心や知性を表わします。笑顔は相手の気持ちを明るくし、アイコンタクトは相手への配慮を表わし、相手とのコミュニケーションを促進します。

　Aさんは感じのよい秘書になるために、いつも笑顔をたやさないようにしています。また、上司や同僚、お客様と接するときは、さりげなく相手と目をあわせることを心がけています。このことをアイコンタクトといいます。

③ 服装、髪形、化粧などのみだしなみ

　服装や髪型、化粧はその人の興味や関心、嗜好性を示すものだと言われており、職場での人間関係にまで影響を与えます。職場ではさまざまな年代の人がいますし、職位の高いお客様や年配の方との応対も多く、みだしなみには配慮が必要です。

　Aさんは、仕事がしやすく上品な配色の服装と顔にかからない清潔な髪形にするようにしています。また、アクセサリーは小さなもの、化粧は派手で濃くならないようにしています。

④ 挨拶・お辞儀

　挨拶やお辞儀は社会人としての常識であり、その人の社会性を表わします。人間関係の第一歩であり、コミュニケーションの基本です。朝の挨拶は「今日もよろしくお願いします」「一生懸命がんばります」などさまざまな気持ちが込められており、一日の仕事の始まりを前向きなものにしてくれます。

確認ポイント！
・声・話し方
・明瞭な発音
・間と速度の配慮
・正しい敬語表現

⑤ 声、話し方

　声の大きさ・抑揚、間・速さ・歯切れのよさなどは、印象形成に大きな役割をはたします。また、言葉を伝える手段としても大切です。Aさんは場面によって声の大きさや抑揚、間や速さなどを工夫しています。特に、初めてのお客様や電話での会話では、明瞭な発音や間をとって話すように心がけています。また、日頃から言葉遣いに気をつけ、正しい敬語表現の勉強をしています。

（4）敬語表現

確認ポイント！
■敬語表現の種類

1）敬語表現の種類

　敬語表現はその性質や使い方などによって、従来は丁寧語、尊敬語、謙譲語の3種類に分けていましたが、現在は丁寧語、美化語、尊敬語、謙譲語Ⅰ、謙譲語Ⅱの5種類に分類しています。
　丁寧語は相手に敬意を表わして丁寧に表現するために使います。語尾の「です」「ます」「ございます」が丁寧語の基本です。
　美化語は一般的な名詞を丁寧に表現する敬語です。「お料理」、「お箸」などが美化語です。従来は丁寧語の中にはいっていました。
　尊敬語は、相手の動作、持ち物、所属企業などに使い、相手を敬うために使われます。相手の立場を立て、敬う気持ちを表すものです。尊敬語は年齢や職位が上の人やお客様などに使い、相手にのみ使われるもので、自分や身内などに対しては使いません。「お荷物」「お手紙」などの表現は、立てるべき相手のものなので、美化語ではなく尊敬語になります。
　謙譲語は、自分または自分の身内の動作、持ち物、所属などに使って、へりくだることによって相手を敬う敬語です。そのため、自分または自分の身内の動作や持ち物にのみ使います。相手が社外の場合、社内の者には謙譲語を使います。
　謙譲語のうち、相手に向かう自分の動作などを謙譲語Ⅰとし、相手に向かわない自分だけの動作などは謙譲語Ⅱとして区別することがあります。相手の「お手紙を拝見しました」は謙譲語Ⅰで、「私が昨日会社に参りましたら…」などは相手に向かった動作ではないので、丁重に表現するための謙譲語Ⅱにあたります。

第3章　秘書のコミュニケーション

秘書としては、謙譲語をマスターすることが必要です。

・2者間の敬語表現

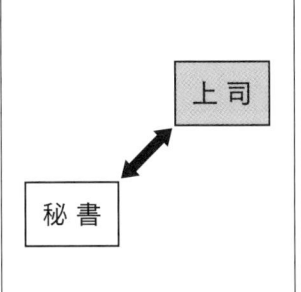

① 2者間の敬語表現

2者間の敬語表現は相手を立てるために相手には尊敬語が使われ、自分がへりくだる気持ちを表わすために自分には謙譲語を使います。2者間では敬語表現の使い方は明確です。

図表3－5　2者間の敬語表現

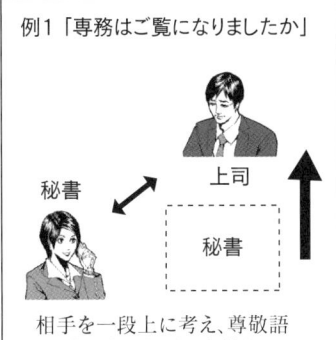

例1「専務はご覧になりましたか」
相手を一段上に考え、尊敬語「ご覧になりました」を使う。

例2「(私が)明日は早朝に参ります」
相手からみて自分を一段下に考え、謙譲語「参ります」を使う。

・3者間の敬語表現

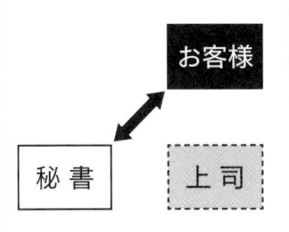

② 3者間の敬語表現

上司と秘書、秘書とお客様などの2者関係の場合は上下がはっきりしており、敬語の使い方も明確です。しかし、外部のお客様に対して、上司に対する行為を表現する場合などには混乱がおきやすくなります。会社内部では上司には敬語で表現しますが、外部のお客様には上司は身内にあたり、例4のように対外的には謙譲語を使います。また、先輩や課長と専務など複数の関係の場合も複雑になります。たとえば秘書課長が専務に課長のことを話す場合は、敬語のレベルを考えながら敬語表現をすることが求められます。例3は「課長が来られる」「専務がいらっしゃる」という表現にみられるように、専務には尊敬語の正式な形を使い、課長には便法の一段低い尊敬語を使っています。

■敬語の基本
・丁寧語

2）敬語の基本

① 丁寧語 …… 相手に敬意を表して丁寧な表現をします。
・です・ます　佐藤です、行きます、書きます、借ります
・ございます　会議でございます、おいしゅうございます

| 確認ポイント！ | 図表3-6　2者間の敬語表現 |

例3「課長は間もなく来られますが専務は、何時にいらっしゃいますか」

専務 ↔ 課長　秘書
上司に敬語を使い、課長にはより軽い敬語「られる」を使う。

例4「専務の木村が伺います。…専務の木村に申し伝えます。」

お客様　専務　秘書
社外のお客様には社内の役員の動作に謙譲語を使って敬意を表わす。

- 言い換え　あっち→あちら、後で→後ほど、今日→本日

② 尊敬語……相手の動作、持ち物、所属などに使い、相手を敬うために使います。相手である上司、お客様が主語になります。

・尊敬語

- 和語表現　お～になる　お読みになる、お帰りになる
　　　　　　お～です　お呼びですか、お帰りですか
- 漢語表現　ご～なさる　ご記入なさる、ご講義なさる
- 便法　れる・される　読まれる、来られる、帰宅される
- 名詞の尊敬語の例（原則的に漢語は「ご」、和語は「お」）
　　　　　お話、お酒、ご講義、ご出席、ご参加、ご記入

・謙譲語

③ 謙譲語……自分または自分の身内への動作や持ち物などに使って謙譲を表します。自分である「私」が主語です。

- 和語表現　お～する、お届けする、お読みする、お持ちする
- 漢語表現　（ご）～いたす、出席いたします
　　　　　　ご報告いたします
- 便法（～させていただく）　待たせていただきます
- 名詞の謙譲語の例　弊社、小生、愚息、拙宅、粗品、粗飯

■よくある敬語表現の間違い
・尊敬語と謙譲語の混乱

3）よくある敬語表現の間違い

間違いやすい敬語表現には主に次のようなケースがあります。

① 尊敬語と謙譲語の混乱
（誤）お客様が参られました ➡ （正）お客様がいらっしゃいました
（誤）先生がご講義いたしました ➡ （正）ご講義なさいました
（誤）拝見なさいましたか？ ➡ （正）ご覧になりましたか？

・相手への過剰な敬語表現 二重敬語表現	② 相手への過剰な敬語表現 （尊敬語＋便法）（謙譲語＋便法）は二重敬語表現で誤りです。 （誤）お書きになられました 　➡ （正）「お書きになりました」または「書かれました」 （誤）ご帰宅されました 　➡ （正）「ご帰宅なさいました」または「帰宅されました」
・内外、上と下との関係の混乱	③ 内と外、上と下との関係の混乱 （誤）（社外の人に）木村専務はいらっしゃいません 　➡ （正）木村は席を外しております （誤）（社長に）課長がいらっしゃいます 　➡ （正）課長が来られます
・和語表現と漢語表現の使い方の混乱	④ 和語表現と漢語表現の使い方の混乱 （誤）お書きなさいました 　➡ （正）「お書きになりました」または「ご記入なさいました」
・物や動植物、公共物、外来語などへの過剰な敬語表現	⑤ 物や動植物、公共物、外来語などへの過剰な敬語表現。敬語は人または、その人に付随する人格化されたモノに使います。 （誤）おポスト ➡ （正）ポスト （誤）お空 ➡ （正）空 （誤）犬にお食事をあげる ➡ （正）犬にえさをやる
■敬語動詞	4）敬語動詞 「行く」「来る」「食べる」など、日常よく使われる動詞は、尊敬語・謙譲語に見られる「お～なる」「ご～なさる」「お～いたす」などの表現の他に特別な動詞を使って表現することがあります。そのような敬語の意味をもつ動詞を敬語動詞といいます。 尊敬語 　■言う→おっしゃる　　■いる、来る、行く→いらっしゃる 　■くれる→くださる　　■見る→ご覧になる 　■寝る→お休みになる　■食べる、飲む→召しあがる 　■知っている→ご存じです　■する→なさる 謙譲語 　■食べる、飲む→いただく　■知る→存じる、存じ上げる 　■いる→おる　■行く、来る→参る　■訪ねる→伺う

確認ポイント！
■「お～です」の表現

5)「お～です」の表現

尊敬語の和語表現で「お～になります」から「お～です」への変化が一般化して、日常的によく使われています。

・「専務はお帰りになっていますか」→「専務はお帰りですか」
・「社長がお待ちになっています」→「社長がお待ちです」
・「何か探していらっしゃいますか」→「何かお探しですか」
・「記事はお読みになりましたか」→「記事はもうお読みですか」
・「星野社長がお着きになりました」→「星野社長がお着きです」
・「私をお呼びになりましたか」→「(私を)お呼びでしたか」

図表3-7 身だしなみのチェックリスト

■女性のあなた	■男性のあなた
□髪は清潔で、顔にかかっていない	□髪は清潔で目や耳にかかっていない
□ふけは落ちていない	□ふけは落ちていない
□お化粧は控え目	□ネクタイはよれていたり曲がっていない
□服装は派手でない	□ネクタイは派手すぎない
□胸は開き過ぎていない	□ワイシャツの襟やそで口は清潔である
□スカートのたけは短すぎずちょうどよい	□ズボンはきちんとプレスしてある
□ストッキングは破れていない	□靴下はスーツにあわせてある
□靴は磨いてある	□ひげはきちんとそれている
□靴のヒールは動きやすく、高すぎない	□靴はカジュアルでなくビジネス用である
□マニキュアは派手でなく自然である	□靴は磨いてある
□つめは長くのびすぎていない	□つめは清潔で長くのびていない
□アクセサリーは大きすぎず、派手でない	□ボタンはとれていない
□バックの色や形は仕事にふさわしい	□鞄の色や形はビジネスにふさわしい

コラム

秘書業務と携帯電話

　秘書は、忙しい上司が仕事を効率的にスムーズに行うことができるように、スケジュール管理や連絡・調整などのコーディネート業務を通して上司の補佐を行います。企業のトップである上司のスケジュールは高度な機密事項にあたります。同時に、直接連絡が可能な携帯電話番号やメールアドレスもまた機密事項に準じた扱いとします。そのため、秘書が緊急時の連絡先として知らされている場合でも、むやみに社外の人や他の社員に教えないようにし、上司に確認の上折り返し連絡するようにします。緊急だからと教えてしまった結果、上司に直接電話やメールが行くようになって、職場での連絡・交渉などのルートが混乱したり、上司が見慣れぬ番号の着信への対応に困るなどの問題にならないようにするためです。

3. コミュニケーション力のある秘書になる

（1）秘書に必要な基本的なコミュニケーション力を考えよう

　秘書は、上司との打ち合わせで、スケジュールの確認や変更、仕事の指示や命令を受けます。また、会社内外の人との連絡や調整、取り次ぎをします。上司とのコミュニケーションだけでなく、他部署や社外の人とのコミュニケーションがうまくいかなければ、仕事が進まないだけでなく、大きなミスにもつながってしまいます。

　ここでは、仕事をスムーズに予定どおりに進めていくために重要な、上司や社内外の人とのコミュニケーションの基本について考え、学びましょう。

秘書が受ける指示・命令の例

　新人秘書Ａさんは、金曜日の午後、秘書課でミーティングをするさい、先輩秘書から指導を受けています。Ａさんは、上司との朝の打ち合わせの時に話される業界用語や業務内容などについて、わからないことがときどきあります。疑問な点は上司や先輩秘書に聞くようにしていますが、会社の全体の組織や業務内容だけでなく、上司についても十分わかっていないと感じています。

　昨日は「製造本部の打ち合わせ」が11時からありました。一週間前の秘書課のミーティングでも話題にのぼりましたが、前回の会議に木村専務は出席しなかったので木村専務は出席しなくてもよいと思い込んでいました。朝一番の上司とのスケジュール確認で、Ａさんは、木村専務から出席することを指摘されました。昨日は重なる予定がなかったからよかったのですが、すっかり落ち込んでしまいました。

問題　秘書として、上司とのコミュニケーションがうまくいくためにはどのようなことが重要でしょう。Ａさんの例で考えてみましょう。

（2）秘書のコミュニケーション

　上司との関係を中心に多様な人間関係が秘書を取り巻いています。会話や読み書きの能力はもちろんですが、会話の背景にある会社や上司の状況についての知識や理解がなければ、仕事で必要なよいコミュニケーションをとることはできません。

図表3－8　コミュニケーション力のある秘書の条件

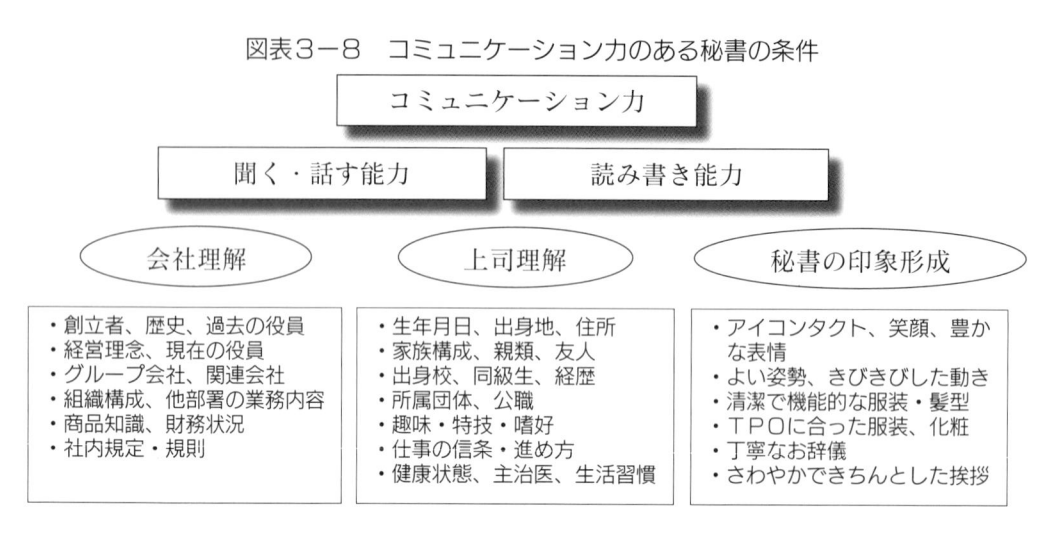

```
                    コミュニケーション力
          ┌─────────────┴─────────────┐
      聞く・話す能力              読み書き能力
```

会社理解	上司理解	秘書の印象形成
・創立者、歴史、過去の役員 ・経営理念、現在の役員 ・グループ会社、関連会社 ・組織構成、他部署の業務内容 ・商品知識、財務状況 ・社内規定・規則	・生年月日、出身地、住所 ・家族構成、親類、友人 ・出身校、同級生、経歴 ・所属団体、公職 ・趣味・特技・嗜好 ・仕事の信条・進め方 ・健康状態、主治医、生活習慣	・アイコンタクト、笑顔、豊かな表情 ・よい姿勢、きびきびした動き ・清潔で機能的な服装・髪型 ・TPOに合った服装、化粧 ・丁寧なお辞儀 ・さわやかできちんとした挨拶

　秘書の日常業務のコミュニケーションは「打ち合わせ」「応対」「連絡・調整」など「話す」「聞く」の口頭表現が大きなウエイトを占めます。図表3－9は秘書に必要な口頭表現能力です。

図表3－9　聞く能力と話す能力

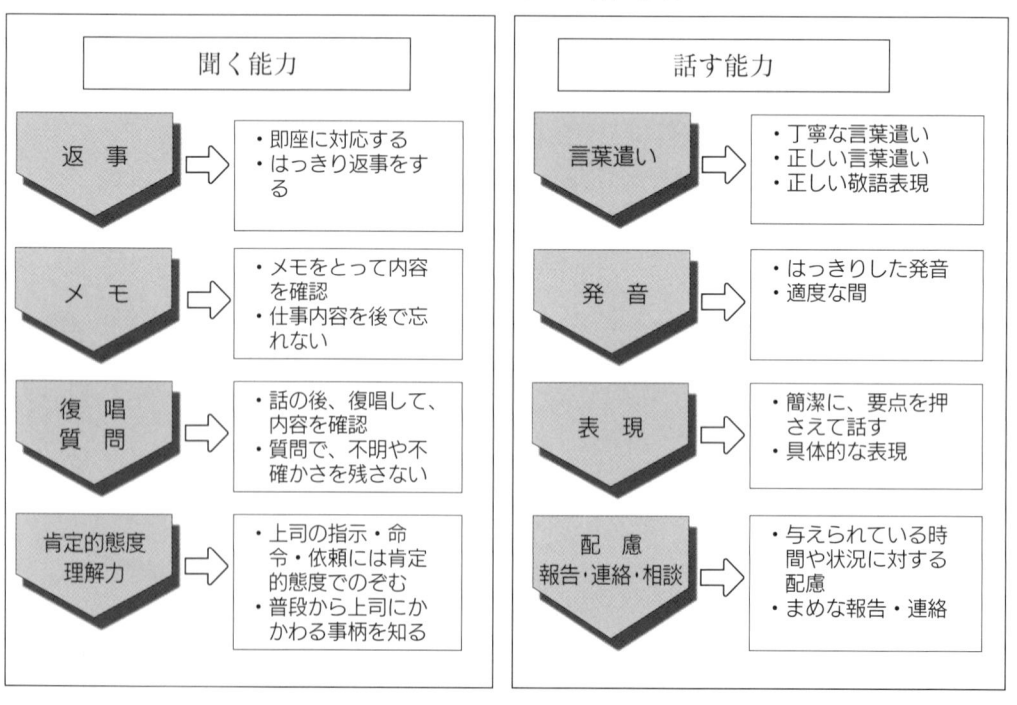

聞く能力		話す能力	
返　事	・即座に対応する ・はっきり返事をする	言葉遣い	・丁寧な言葉遣い ・正しい言葉遣い ・正しい敬語表現
メ　モ	・メモをとって内容を確認 ・仕事内容を後で忘れない	発　音	・はっきりした発音 ・適度な間
復　唱 質　問	・話の後、復唱して、内容を確認 ・質問で、不明や不確かさを残さない	表　現	・簡潔に、要点を押さえて話す ・具体的な表現
肯定的態度 理解力	・上司の指示・命令・依頼には肯定的態度でのぞむ ・普段から上司にかかわる事柄を知る	配　慮 報告・連絡・相談	・与えられている時間や状況に対する配慮 ・まめな報告・連絡

（3）仕事を効率的に進めるコミュニケーション

確認ポイント！

■指示・命令の受け方

・指示や命令をよく聞く

・返事－すぐにはっきり
・傾聴－話をよく聞く
・メモ－5W2Hでメモ
・復唱－復唱して確認
・質問－疑問点は質問

・メモ用紙と筆記具を持っていく

・指示・命令は最後までよく聞く

・話の内容についてポイントをメモする

・指示された要点を復唱して確認する

1）指示・命令・依頼の受け方

Aさんの今回の失敗は、疑問に思っていたことを確認しなかったことです。上司との打ち合わせで指示を受けたことで、少しでも疑問に思ったことは質問し、確認することが大切です。

① 上司の指示や命令を正確に理解する
・返事は、すぐに、はっきりとする

Aさんはどんな時でも、上司から呼ばれたら、即座に返事をするように心がけています。仕事の途中で声をかけられても、返事だけでもすぐするように、以前に注意されたからです。今は、「はい、ただ今参ります」と返事をするようにしています。

・メモ用紙と筆記用具を持参する

上司の指示や命令を受ける時は、5W2Hでメモをとります。Aさんは、はじめ簡単な指示ではメモを取らずにいたこともありましたが、仕事が重なると忘れたり、記憶違いでたびたびミスをしました。記憶だけに頼ることはミスの原因になります。

5W2HとはWho（誰が）、What（何を）、When（いつ）、Where（どこで）、Why（なぜ）の5WとHow（どのように）、How much（many）（数量…いくら、いくつ）の2Hをさしています。

・指示・命令は最後までよく聞く

上司の話は話をさえぎらないように最後までよく聞きます。これは、上司の思考や話の流れを変えないためです。

・話の内容について、ポイントをメモする

話を聞きながら、内容を正確に聞き取り、後で内容を確認できるように、話のポイントを整理しながら5W2Hの要領でメモをとります。特に、日時、場所、数量、人の場合は会社名・職位などは明確に、名前はフルネームでメモします。

・指示された要点を復唱して確認する

上司の話が終わったら、メモでポイントを確認しながら、指示された内容を復唱します。復唱することによって、自分の思い込みや誤った理解、上司が言い忘れたことや言い間違えがないかが確認できます。Aさんは、メモと復唱で、上司の指示と自分の理解との間に行き違いがないようにします。

確認ポイント！	・不明なところ、疑問点は質問して確認する
・不明なところ、疑問点は質問して確認する	疑問点やあいまいな点は、必ず質問します。指示の内容に含まれていない場合でも、付随する業務などが発生する場合の確認もします。たとえば、訪問者がある場合、使用する応接室や準備する資料、パソコンなどについて確認するようにしています。
■報告・連絡・相談はまめにする ・報告や相談が必要な時	2）報告や連絡、相談はまめにする ① 報告や相談が必要な時 　仕事は報告が終わって、初めて終了します。Aさんは、指示された仕事が済み次第、なるべく早く上司に報告するようにしています。秘書の先輩からは「報告が済むまで仕事は終了していない」と言われています。また、仕事が長期間にわたっている場合は、上司も仕事の状況を知りたいと思っていますので、進捗状況について中間報告をします。 　連絡・相談はまめにすることが大切です。新人秘書のAさんは次のようなケースでは、積極的に先輩秘書や上司に相談をするようにしています。特に、ミスをした時や仕事の遂行に支障が起った時は、早めに相談して後の対処を考えます。 ・仕事を、どのように進めたらよいかわからない時 ・仕事が重なるなどして、時間までにできそうにない時 ・なんらかの支障が起こって指示されたことができない時 ・ミスをした時 　なんとかなるだろうと報告をしない、事実をありのままに伝えず、ミスがわからないように報告するなどはあってはならないことです。報告の際は、他の人や状況などに責任転嫁せず、率直に伝え、素直に謝り、反省して何度も同じようなミスを繰り返すことがないようにしましょう。
・報告の仕方	② 報告の仕方 　報告は、結論を始めに話します。主語と述語をはっきりさせ、話を明確にします。結論は、簡潔に、明確に話し、経過について話す時には、過去・現在・今後の時系列を明確にして話し、時間の前後の混乱がないようにしています。 　理由や経過・意見は、結論の後に話します。特に、事実と個人的な推論や意見と混同しないように、その趣旨を明確にするように気をつけます。

第3章　秘書のコミュニケーション

　Aさんは報告をする時、始めから、終りまで混乱しないように、次のような話の仕方を工夫しています。

始め	「～についてご報告申し上げたいのですが……」
	「ただ今、お時間よろしいでしょうか」
結論	「～の件は……になりました」
	「結論から申し上げますと～」
理由	「なぜかといいますと、～だからです」
経過	「…という経過（状況）です」
意見	「私見ですが、～などはどうでしょう」

③複雑な報告はメモや報告書をそえる

　報告の内容が複雑だったり、正確な数字やグラフが必要な場合は、口頭の報告に加えてメモや報告書を作成して上司に提出します。メモや報告書は、誤解をふせぎ、報告の内容の理解を助けてくれます。また、報告書は5W2Hの要領で書くようにしています。5W2Hは、報告書だけでなく口頭での報告でも、重要な項目がもれていないかどうかのチェックポイントとしても利用できます。

・メモ・報告書を添える

5W2H	
Who	誰が
What	何を
When	日時
Where	場所
Why	目的
How	方法
How much	どの程度

（4）柔軟な対応力と双方向的なコミュニケーション

　秘書は、上司や来訪者の都合によるスケジュールの変更や、それに伴う連絡や再調整、仕事のやり直しなどが多くあります。上司の仕事の指示や命令を受け、即座にやらなければならない業務もあります。また、上司は分刻みで動くほど多忙な人が多く、指示や命令も言葉足らずになることも多いものです。

　多忙で変化の多い秘書業務を遂行するには変化する状況の想定力や配慮、柔軟な対応力などが必要です。特に、組織での上司の立場や役割などの理解、状況から仕事の次の段階を想定する力、状況の変化への対応などが求められます。また、指示内容や意図の誤解などがないように、中間報告や仕事終了後の報告、連絡や相談、疑問点の確認など、上司との双方向的なコミュニケーションが重要です。

確認ポイント！

■指示・命令には肯定的な姿勢でのぞむ

1）指示や命令には肯定的な姿勢でのぞむ

　秘書は上司の指示にできるだけ応えられるように努力することが重要です。指示に応えられない場合は、事情を話して相談するか、可能な別の提案をすることも求められます。

49

確認ポイント！	
	①命令 「この書類をA社に届けてくれないか」
・否定的態度：「今、手が離せませんので、行けません」
・肯定的態度：「承知いたしました。今至急提出の文書を作成中ですので、30分後でもよろしいでしょうか」
②質問 「A商品の昨年の売上高はいくらだったかな」
・否定的姿勢：「わかりません」
・肯定的姿勢：「ただ今営業部に連絡をとってみます」
③依頼 「ちょっと油性ペンがほしいのだが」
・否定的姿勢：「ございません」
・肯定的姿勢：「ただ今、物品課に問い合わせてみます」
■上司の言葉の不足を補う会話をする	

2）上司の言葉の不足を補う会話をする

　上司は多くの来客や判断すべき業務で多忙のため、指示が簡潔すぎて、経験や知識がないと意図を理解できないことがあります。状況を配慮し、上司の言葉の不足を補い、会話を進める中で、上司の意図することを正確につかむようにします。上司との双方向のコミュニケーションが重要です。

　次のよい例では、積極的に仕事を受ける姿勢が仕事の価値を高めています。悪い例では、慎重な点はよいのだが、積極的に仕事を受けるという点では課題が残ります。

■よい例…双方向のコミュニケーション

上司：「経理資料のコピーをしてほしい」
秘書：「はい。コピーはお急ぎでしょうか。ただ今午後の会議の書類にとりかかっていまして、1時間程で出来上がりますので、印刷する前に専務に見ていただきたいと思いまして」
上司：「それなら、この資料も会議で使う予定なので、書類ができあがったらやってほしい」
秘書：「承知いたしました。書類の作成が済みましたら、書類と一緒に資料もコピーいたしまして、第一会議室にセットしておきます。他に会議に必要なものや準備することはございますか？」
上司：「ああそうだ。パソコンも使いたいのだが」
秘書：「はい。会議用パソコンも準備しておきます」
上司：「じゃあ会議の準備もよろしく」

■悪い例…一方向のコミュニケーション

上司：「経理資料のコピーをしてほしい」
秘書：「ただ今午後の会議の書類にとりかかっていまして、まだ時間がかかります。印刷する前に専務に見ていただきたいと思いまして」
上司：「この資料も会議で使う予定なので、やってほしいのだが、時間がないかな」
秘書：「やってみないとわかりませんが…」
　　　　― 1時間後 ―
秘書：「会議用の書類ができました。先ほどの資料をコピーして参りましょうか？」
上司：「資料のコピーは別の人に頼んで、会議の準備もしてもらったからいいよ」
秘書：「そうですか、申し訳ございません…」

第3章　秘書のコミュニケーション

■想定力をつけ配慮する
・「聞く」ために大切なこと
・「聞く」基本原則を守る

3）想定力をつけ配慮する
①よりよく「聞く」ために大切なこと
・「聞く」基本原則を守る
　まずは「聞く」基本原則となっている、最後までよく聞く、メモを取る、最後に復唱して内容を確認する、わからないところは質問する、ということを実行することが大切です。

・上司の立場や状況に配慮する

・上司の立場や状況に配慮する
　上司の状況・立場を想定し、話の内容を理解することが重要です。Aさんは上司の今日の予定や会議の性質、会議での上司の役割と秘書の行う業務について考え、指示を聞きます。
　次に、Aさんは指示された会議用資料、書類作成に要する時間を考え、段取りとするべき仕事を想定します。その上で不明な部分の質問をしたり、相談をしたりします。

（例）想定される会議の仕事内容と業務遂行の時系列

> 1. 会議室の予約確認　日時・会場などを早めに確認する
> 2. 会議資料の作成　上司のチェックを受けて印刷する
> 3. 依頼された資料のコピー　部数、綴じ方、原本の返却を確認する
> 4. 会議室の準備　空調・机の配置を確認する
> 5. 会場設営　資料を配布し、パソコンやプロジェクタを設置する
> 6. お茶の準備　人数を確認し、お茶・コーヒー・ペットボトルなどを準備する

・柔軟に対応、行動する
・変化する状況に合わせる
　上司に連絡・相談する
・よりよく「話す」ために大切なこと

・柔軟に対応、行動する
　会議の人数が増え資料の部数が足りない、時間が長引き、次の面談者が待っているなど、状況が変化することもあります。状況に合わせて、上司と連絡を取りながら業務を進めます。

②よりよく「話す」ために大切なこと
　職場の会話は仕事を遂行するために重要ですが、上司との会話は、特に注意が必要です。忙しい上司の立場を配慮し、確実な業務の遂行のために次のような話し方が求められます。
・上司の反応を確かめながら、明るい態度と声で話す
・聞きやすい大きさ・速さで、適度な間をとって明瞭に話す
・話の目的を明確にしてポイントを1～3に絞り簡潔に話す
・センテンスは短く、最も重要な事を最初に、結論から話す

・全体から部分へと話す。部分については具体的に話す
・内容が多い時や確実に伝えたい時はメモを渡す

③話の組立と配列の工夫

話をする時は、話の組立てと配列の工夫をしましょう。話の配列の代表的なものは4つあります。
1. 全体から部分へ話す
2. 優先順位をつけて話す
3. 結果→原因の関連で話す
4. 時間に沿って話す

状況に応じて、相手の知りたい情報をわかりやすく伝える工夫をしましょう。

■ 演習問題

(a) 秘書が毎朝行っている、上司が出社する前にする仕事をリストアップしましょう。

(b) 秘書が毎朝行っている、上司が出社した直後にする仕事をリストアップしましょう。

(c) 秘書業務管理システムが導入されると秘書の業務はどのように変化しますか。

(d) 次は印象形成に関するものです。文章の内容と関係の深いものを下から選びなさい。
① 相手への配慮を示し、気持ちを明るくする　（　）
② 社会人の常識であり、社会性を表わす　（　）
③ 若さや活動力を表わす　（　）
④ 言葉を伝える手段であり、印象形成にも重要　（　）
⑤ その人の興味や関心、好みを示す　（　）

a. 姿勢・動作
b. 挨拶、お辞儀
c. 表情、アイコンタクト
d. 声の抑揚・間・大きさ
e. 服装、装飾品

(e) 秘書にとって印象形成が重要な理由を書きなさい。

(f) Aさんと上司の朝の打ち合わせでの会話です。敬語表現を考えてみましょう。
① 専務は明日、何時に来るか。
② 星野社長も会議に出席するので、今、書類を準備します。
③ 郵便物はここにまとめておいたので、見てくれ。
④ 報告をしたいことがあるのだが、今時間はあるか。
⑤ 今書類を持ってくるので、まってくれ。

第3章　秘書のコミュニケーション

(g) 次の名詞を尊敬語に直してください。
　　①本　②荷物　③着物　④出発

(h) 上司への次の間違った敬語表現を正しく直しなさい。
　① お客様が参られました　　　　　　② 先生がご講義いたしました
　③ 専務は拝見なさいましたか　　　　④ お書きになられました
　⑤ ご帰宅されました　　　　　　　　⑥ (お客様に)中井専務はいらっしゃいません
　⑦ 社長がお書きなさいました　　　　⑧ 今朝、犬にお食事をあげた

(i) 日常よく使われる動詞は、敬語形として特別な言い回しに発達しました。これを敬語動詞と言います。次の言葉を敬語動詞にしなさい。
　①行く・くる　　（尊敬語：　　　　　　　　）（謙譲語：　　　　　　　　）
　②食べる・飲む　（尊敬語：　　　　　　　　）（謙譲語：　　　　　　　　）
　③見る　　　　　（尊敬語：　　　　　　　　）（謙譲語：　　　　　　　　）
　④知っている　　（尊敬語：　　　　　　　　）（謙譲語：　　　　　　　　）
　⑤する　　　　　（尊敬語：　　　　　　　　）（謙譲語：　　　　　　　　）

(j) Aさんは上司から、次のような指示を受けました。メモする項目をリストアップしましょう。また、仕事が終了した後、報告する項目をリストアップしましょう。上司と部下を2人1組で演習をしながら、考えてみましょう。
　① 今は10時です。上司から3時からの役員会議用に15枚ある書類のコピーを指示された。役員用に7部を作成し、会議室にセットして、上司に報告します。
　　＊上司「Aさん、役員の打ち合わせ用の資料をコピーしてくれないか。
　　　　　　会議が3時からあるので、その準備もたのむ」
　② 今は10時です。お昼まで、ある書類を鈴木営業部長に届けなければなりません。Aさんは、11時までに仕上げなければならない総務用の書類があります。
　　＊上司「この書類、鈴木営業部長に昼ごろまでに届けてくれないか」
　③ 今日中に、S社の社長宛の礼状を作成して、投函しなければなりません。パソコンで作成した後、上司に内容確認と署名をもらう必要があります。
　　＊上司「S社の社長から高級な茶葉を頂いたので、お礼を言っておいてくれないか」

(k) 秘書Aさんの上司の指示に対する応対です。肯定的な姿勢で応対を考えてみましょう。
　Aさんは今日提出する出張の精算業務を行っており、あと30分程かかる予定です。上司は定例の営業会議が2時間後に迫っており、会議室の準備はこれからです。
　木村専務「会議用の資料を至急印刷してほしい。先日の飲料協会で使ったプレゼンテーションの資料を会議でも使いたいので、パソコンの準備もお願いしたい」

(1) お客様から電話があり、「今、駅に着いたのだが会社への道順を教えてほしい」と言われました。相手にわかりやすく話す原則である「全体から部分へ、具体的に話す」にはどのように話せばよいか考えましょう。

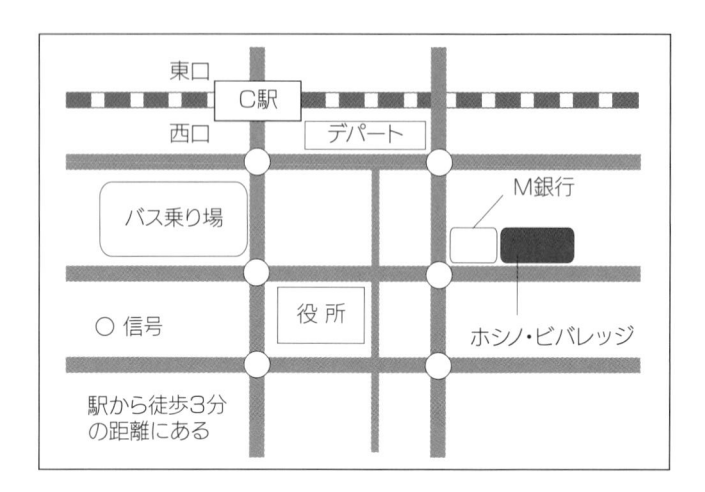

```
        東口
    ━━━━━━━━━━━━━━━━━━
        │C駅│
    ━━━━━━━━━━━━━━━━━━
        西口   ┌デパート┐
              │        │
    ┌────────┐         ┌M銀行┐
    │バス乗り場│         │    │■■
    └────────┘         └────┘■■
                                
    ○信号    ┌──┐      ホシノ・ビバレッジ
            │役所│
            └──┘
    駅から徒歩3分
    の距離にある
```

コラム

携帯電話使用のマナー

　携帯電話の普及にともなって、仕事でも携帯電話を使うケースが増えています。仕事で携帯電話を使うときのマナーを考えてみましょう。

1. 仕事用を明確に分け、私用と混同しないようにします。会社の固定電話やパソコンと同様です。
2. 公の場所やレストラン、喫茶店などで大きな声で仕事の話をしないように周囲に配慮します。仕事上の機密をまもり、周りの人の迷惑を考えます。
3. 状況によっては電源を切る・マナーモードにするなどの配慮をします。特に、面談時や会食時など、携帯電話を優先しがちですが、相手には非常に失礼になります。
4. 訪問先のエレベーター内や建物の玄関先で携帯電話を使用しないようにします。周りの人は訪問先の社員や関係者です。上司への訪問終了や報告は建物を出て、別の場所でします。
5. 携帯電話は絶対に電車や訪問先に忘れたり、車の中に置きっぱなしにしないようにします。携帯電話は機密事項やビジネス情報の塊です。そのことを忘れないようにしましょう。

第4章　秘書の応対業務
～テキパキサポートをめざして～

学習のねらい

　秘書は、上司に代わり会社内外の役員や管理職、部下や社外の関係者や取引先、顧客との連絡やスケジュール調整を行い、上司との取り次ぎをすることによって上司を補佐します。

　受付、案内、接遇や電話連絡、電話の応対などの業務を通じて、複雑な上司の人間関係の窓口となり、応対業務の統制とサポートを行います。

　この章では、秘書が日常的に行っている応対業務について学びます。最初に、受付での訪問者の確認・統制、面談場所への案内、上司への取り次ぎ、茶菓の接待、見送りまでの接遇業務について学びます。同時に、お辞儀の仕方、名刺の受け渡し、席次、紹介の順序なども併せて学びます。次に、電話を受ける、かける、上司に取り次ぐ、上司の代理でかけるなどのケースに分けて電話応対について学びます。また、基本的な英語での接遇や電話応対も学びます。

1．来客応対

（1）来客応対の基本を学ぼう

　上司へのお客様は、会社内外からさまざまな目的で来訪します。重要なお客様のほとんどは事前に予約があり、アポイントメントリスト（面会・会合などの約束の予約リスト）によって確認することができます。特に、海外や国内でも遠方からのお客様の場合は、2、3カ月前から来訪が決まっているケースが多く、社外のお客様では1週間前にはわかっているのが普通です。しかし、突然の来訪で、アポイントメントリストによって確認することができないお客様もあり、そのようなケースにはどのように対応するかが問題になります。ここでは、通常の来客応対のケースから、突然の来客への対応までを学びます。

秘書が行う来客応対の例

　今日は9月5日(木)です。午前11時には、岡田商事の岡田社長が来訪する予定です。岡田商事は茶葉など飲料用の原材料を取り扱う専門商社です。岡田商事とは今までも取引はありましたが、今回、新たな茶葉の原料の仕入れ先として検討をしています。ホシノ・ビバレッジでは次の新製品として、さわやかな飲み口で健康にもよい新ブレンドの飲料を企画しており、原料の安定的供給が可能な取引を考えています。

　岡田社長は今後取引が見込める原料の種類や品質、量など具体的な取引についての話し合いに訪れます。話し合いは昼食をはさんで、時間がかかると思われます。

問題 このような場合、秘書が行う来客の応対業務を考えてみましょう。考えられる業務を書き出してみましょう。

（2）応対業務の流れ

秘書が行う応対業務の流れは図表4−1のとおりです。来客は、まず会社を訪問するすべての来客に対応し、振り分ける「総合受付」を通ります。その後、秘書課フロアに通され、「秘書課受付」で、再度受付がなされます。

秘書は、事前に予定来訪者の所属・名前・およその面談時間が記載されている「アポイントメントリスト」をチェックして、来訪者の確認をしておきます。特に重要なお客様の時は、応接室や茶菓の準備などを入念にします。お客様が見えたらリストと照合した後、上司に来訪の連絡を入れ、面談場所への案内、接待、面談後の見送りとなります。

受付応対業務で難しいのは、アポイントメントリストで確認がとれないお客様です。そのようなお客様の取り扱いをどうするかが、重要になります。

ここでは、秘書が行う受付・応対業務の流れと内容を学びましょう。

図表4−1　秘書が行う受付・応対業務の流れと内容

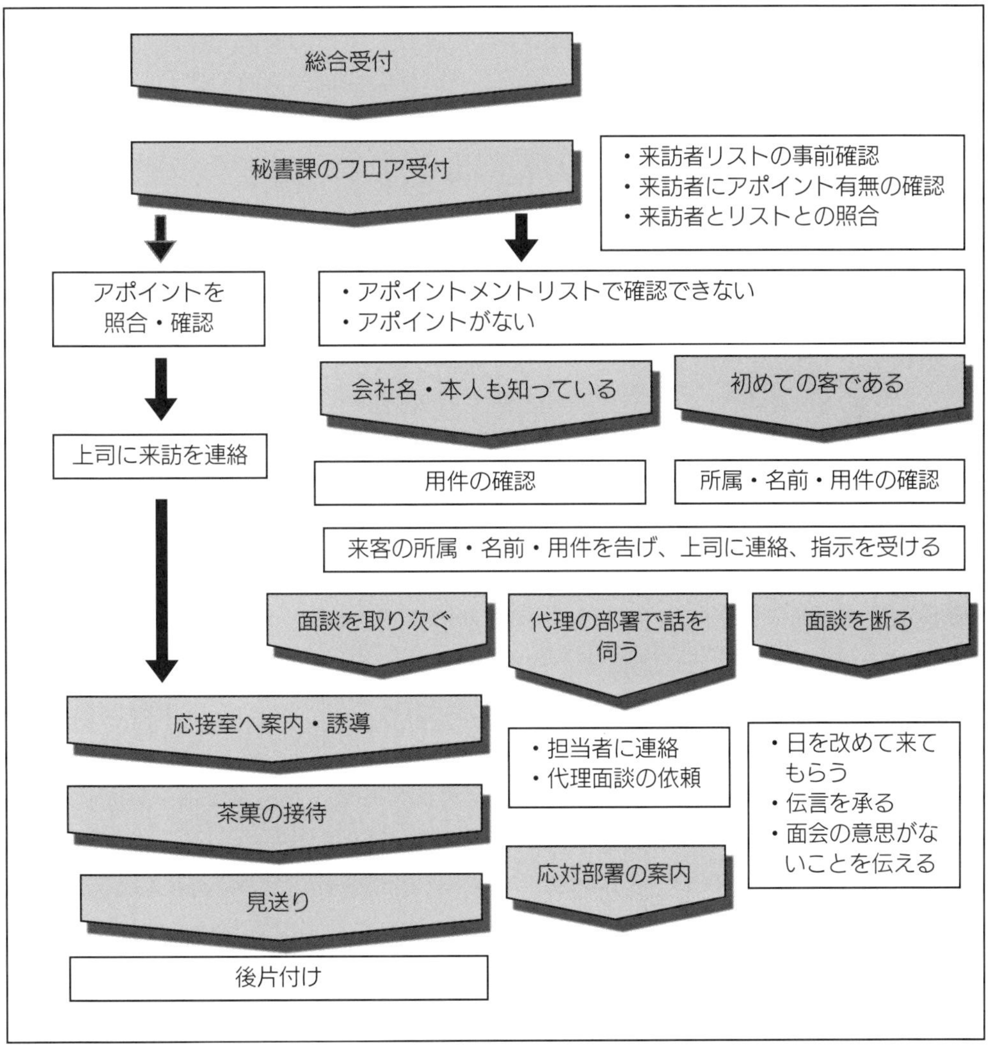

(3) 秘書が行う受付・応対業務の流れと内容

　秘書が対応するお客様は、職位が高く、会社にとっても重要な人が多く、対応は丁寧に行うことが原則です。しかし、営業目的の飛び込み訪問や報道関係者など、面談の約束もなく、来社の目的がはっきりしないケースもあります。このような場合、セキュリティの観点から細心の注意をはらって、ケースに合った対応をしていく必要があります。

　それでは受付での来訪者の選択・統制から案内・誘導、茶菓の接待、見送りまでのプロセスと業務内容を秘書Aさんの事例で細かく見ましょう。

確認ポイント！

■事前準備
・スケジュール確認
・応接室の整備
・茶菓の準備
・機器の準備

・来訪者リスト掲載
・来訪者の確認

1）事前準備

　秘書Aさんの会社では、来訪者の所属・名前・来訪相手や目的・面談の所要時間については、担当秘書と秘書課で管理しています。Aさんは、お客様を事前に確認しておきます。お客様に合わせて、お迎えの心構え、応接室や会議室の環境整備、資料や機器の準備、茶菓の準備、昼食の手配などを事前に行い、余裕を持ってお客様をお迎えすることができるからです。

　Aさんは、上司のスケジュールをチェックして、アポイントメントリストに記載もれや名前や人数の間違いがないかを確認します。また、面談時間の延長や突然の来訪者にそなえて、上司の1日のスケジュールも把握しておきます。

> アポイントメントリストの主な項目
> ①来客の会社名・所属部署・役職・名前・人数
> ②訪問する相手（用事のある部署・人）
> ③訪問の目的（異動の挨拶・新製品の説明など）
> ④訪問の時間（何時に訪れ、何時に帰るか）

■受付
・お辞儀と挨拶
・笑顔で感じよく

2）受付 … 来訪者の確認と統制
①お辞儀と挨拶

　来客が視野に入ったら、立ち上がって、お辞儀をします。時刻によって、朝なら「おはようございます」、昼なら「いらっしゃいませ」「こんにちは」などと挨拶をします。

　この時、来客に気付かず失礼することがないように、無愛想な印象にならないように注意します。Aさんは笑顔とさりげないアイコンタクトをとるように心がけています。

第4章　秘書の応対業務

・来訪者の所属・名前と訪問先の確認	②来訪者(お客様)と訪問先(面談者)の確認 　来訪者の所属（会社名）・職位・名前、訪問先の部課名・面会人を確認します。名乗らない来訪者に対しては、「失礼ですがどちらさまでいらっしゃいますか」「ご用件を承ります」など、状況に応じて声をかけます。名刺をいただく場合は、両手か名刺皿でいただき、会社名・役職名・名前を復唱して読み方を確認します。
・アポイントリストとの照合	③アポイントメントリストとの照合 ・来客のリストにあり、相手の名前や用件が不明確なケース 　事前にリストの確認を済ませており、相手が確認できた場合は、次のように声をかけるように心がけています。 　　応対例「○○会社△△様でいらっしゃいますね。 　　　　　お待ちいたしておりました」 ・来客のリストになく、相手の名前や用件が不明確なケース 　事前のリスト確認で記載されていない場合や、突然の来社の場合は、次のように声をかけています。また、上司の在席の有無を聞かれた場合、在席かどうかは伏せ、相手に待ってもらい、上司の意向を聞くようにしています。 　　応対例「失礼ですが、お約束いただいておりましたでしょうか」
・アポイントのあるお客様のケース	④上司への連絡 ・アポイントメントの確認がとれているお客様のケース 　上司に連絡を入れ、お客様の来訪を告げます。事前に面会場所の指示がなかった場合は、面会場所の指示をあおぎます。その時によって、応接室だけでなく、役員室や会議室などで面談する場合もあるからです。 　　応対例「○○会社の△△さまがお越しになりました。」 　　　　　「第一応接室にお通しいたしますが、よろしいでしょうか？」
・アポイントのないお客様への対応	・リストでの確認がとれない来訪者や突然来社のケース 　上司に連絡をいれ、お客様の所属・名前・用件を伝え、面会の許可・面会場所の指示をあおぎます。秘書は、次のような対応を考え、行動します。

確認ポイント！	

・上司が応対する
・代理となる部署の人が応対する
・面談を断る

　突然の来訪でも、新しく赴任してきた人や異動のためのお別れの挨拶は、アポイントメントを取っての来訪が難しいため、上司が面談する可能性が高くなります。

■案内・誘導
・先に立ち誘導
・予測ができるように案内

３）応接室へ案内・誘導
①受付場所から応接室や役員室へ誘導・案内
　お客様の先に立ち、お客様の状況に配慮しながら、誘導し、案内します。言葉で案内したり、手で指し示しながら、行き先を誘導します。その時、建物内部に慣れていないお客様がまごつくことがないように、先の行動が予測できるように、次の例のように、案内することが大切です。
　　応対例「エレベーターで３階の応接室にご案内いたします」
　　　　　「こちらでございます」(手などで指し示して)

・エレベーター
・降りる人が先
・秘書や誘導者は後乗り、後降り
・秘書がボタン操作

②エレベーターの使用
　エレベーターを使用する時は、エレベーターを降りる人を確認してから、乗り込みます。Ａさんはエレベーターを降りる人に注意を払わず、出会いがしらにぶつかりそうになることもあり、お客様を誘導する時も、まわりの状況に注意を払います。
　お客様を先に乗せ、秘書は後に乗って、操作盤の前に立って、案内する階のボタンを操作します。降りる時も、安全を確認してお客様を先に降ろし、秘書は後に降ります。
　エレベーターでの上席は入り口から遠い、操作盤の奥になります。秘書は操作盤の前に立ち、操作や誘導を行います。

・応接室への入室
・ドアは秘書が開閉

③応接室への入室
　応接室に入る時には、外開きのドアの場合は秘書がドアを開け、ノブを押さえて、お客様に先に入室してもらいます。内開きのドアの場合は秘書が先に入室し、ノブを押さえて、お客様に入室していただきます。この時、お客様の手をわずらわせないこと、スムーズにお客様が入室できることが原則です。

第4章　秘書の応対業務

- 座席への誘導

④座席への誘導

応接室に入室したら、お客様には奥の上席をすすめます。入口から遠い席、大きなソファーと1人椅子では、大きなソファーが上席です（図表4-3参照）。また、応接室の環境整備をする際、花や絵画を飾る場合は上席からよく見えるようにしておきます。雑誌や新聞、広報誌などはお客様が手に取りやすい場所に置いておきます。

- 待ってもらうケース

⑤待ってもらうケース

お待ちいただく場合、待つ時間を具体的に伝えます。また、上司が、前のお客様との面談が長引いた場合なども、お詫びし、待っていただく時間が長くなったことを伝えます。お客様にも予定があるので、時間や後の予定が予測できるようにするためです。

応対例　「5分ほどお待ちいただけますか」
　　　　「まもなく参ります」
　　　　「お待ちいただいて申し訳ございませんが、まもなく参ります」

- ■茶菓の接待
- 茶菓の接待が必要なケース

4）茶菓の接待

①茶菓の接待が必要なケース

長時間待っていただく場合や面談に時間がかかると予想される場合は必要に応じて茶菓を出します。通常、2〜3分で面談が終了するケースでは、茶菓の接待はしません。茶菓の準備をしていたらお客様がお帰りになったということがないように、秘書はお客様が、どのような目的で来社し、面談にどのくらいの時間がかかるかを事前に確認しておきます。

- お茶をいれる
- 煎茶は湯冷まししてぬるめでいれる
- 量は7分目

②お茶をいれる

お湯はお茶の種類に合った温度でいれます。番茶やほうじ茶は熱いお湯でいれ、高級な煎茶は沸騰させたお湯を冷ましていれます。熱いお湯は湯冷まし器で温度を下げます。

お客様の人数が複数の時は、均等の濃さと量になるように、人数分の湯のみを準備し、少しずつ回しながらお茶をいれます。初めのお茶碗のお茶が薄く、最後のお茶が濃すぎるなどということがなくなります。分量は湯のみの7〜8分目にします。

確認ポイント！	
・お茶を出す	③お茶を出す

　湯沸かし室と応接室が離れている時は、湯のみと茶卓は別にして、小さなふきんなどを準備してお盆にのせて、応接室に運びます。運ぶ途中で、お茶をこぼし、お客様が飲む時にお茶で洋服を汚したり、テーブルにぽたぽたとお茶を落とし、書類などを濡らすことがないようにします。

　ドアをノックし静かに入り、ドアを閉めてから一礼します。お盆は、いったんサイドテーブルなどに置き、上席から「どうぞ」など声をかけながら、1人ずつ茶卓にのせて、両手でお客様の右前方に出します。

　お菓子を出す時は、お菓子を先にお茶を後に出します。お茶はお客様の右手に、お菓子は左手に置きます。

・飲み物をかえる

④飲み物をかえる

　面談や会議が長引いた時は、お茶を入れ替えます。その時は、お茶そのものもかえます。また、お茶をさげて、コーヒーや紅茶などを出して、変化をつけることもあります。

　書類がテーブルに広がっている時には、「お茶をお持ちしました」などと声をかけて、書類を一方に寄せてもらうか、お茶を出せるスペースをつくってもらいます。

　状況を見て、お盆ごとサイドテーブルなどに置き、「こちらにお茶をお置きします」と声をかけて退出する時もあります。

・応接室を出る

⑤応接室を出る

　茶菓の接待後や書類を応接室に届けた後など、応接室を出る時は、ドアの前にきちんと立ち、一礼して「失礼いたします」など小声で一声かけます。お客様が上司との話や商談などで秘書の方を見ていなくても、秘書の行動は視界のどこかに入っており、言葉はそれとなく聞こえています。見送りの丁寧なお辞儀や応接室の入出時の会釈など、秘書の日常での言動がお客様の企業イメージをつくります。

■見送り

5）見送り

　来客を再び、出口まで案内して、「お忙しいところお越しくださいましてありがとうございました」などと見送りの挨

第4章 秘書の応対業務

拶の言葉をかけ、お辞儀します。姿が見えなくなるまで丁寧にします。別れ際の印象は第一印象の次に強いと言われていますので、Aさんは、最後まで丁寧な態度で接するように心がけています。上司が一緒の場合は上司の後ろに従い、車のドアを開ける、土産を手渡すなど、必要な時だけ前に出て業務を行います。

■後片付け

6）後片付け

面談の後は、応接室を片付けます。次の面談や面談が予定されていない場合でも突然の使用のために準備をしておきます。

（4）マナーのルールのあれこれ

確認ポイント！

■お辞儀の種類
・会釈 … 軽いお辞儀
・敬礼 … 丁寧なお辞儀
・最敬礼 … 最も丁寧なお辞儀

1）お辞儀の種類

秘書はさまざまな場面でお辞儀をする機会が多くあります。お辞儀には3種類あります。会釈、敬礼、最敬礼です。会釈は受付やお客様とすれ違う時など、軽くするお辞儀です。敬礼は上司やお客様などの相手に向けて丁寧にするお辞儀です。最敬礼は深い感謝やお詫びの気持ちを相手に表わす、非常に丁寧なお辞儀です。いずれのお辞儀も、立ち止まり、かかとをつけ、背中はまっすぐにして、手を重ね、腰から折ります。頭だけ下げ目線が真下にならないように、また、顔面に髪がたれないように注意します。言葉を添える場合は、言葉の後にお辞儀をします。

図表4-2　お辞儀の種類

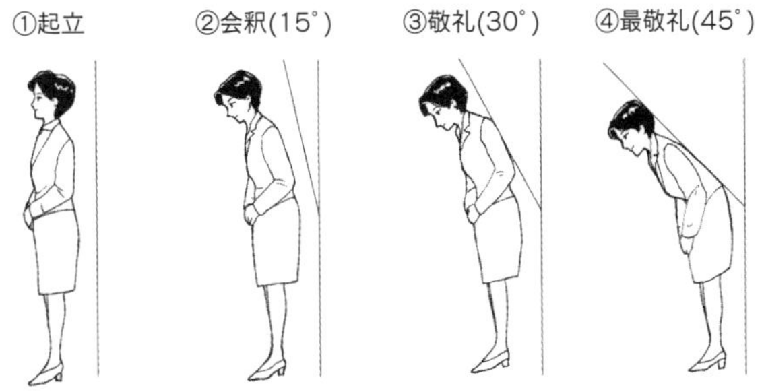

①起立　②会釈(15°)　③敬礼(30°)　④最敬礼(45°)

確認ポイント！	2）名刺の受け渡し

確認ポイント！

■名刺の受け渡し
・名刺の受け方

・名刺の差し出し方

・名刺の扱い

・名刺の保管

■席次
入口に遠い席が上席
・応接室 … 大きなソファーが上席
・和室 …… 床の間に近い席が上座
・車 ……… 運転手の後が上席

2）名刺の受け渡し
①名刺の受け方
　名刺は胸の位置で、自分の名刺は相手の側に向け右手で差し出します。互いの名刺交換は、右出し・左受けで行います。
②名刺の差し出し方
　差し出す場合は会社名、役職名、氏名を名乗りながら手渡します。受け取る場合は、受け取った際、企業名、役職、氏名などを確認します。名前が読めない場合は、「何とお読みすればよろしいでしょうか」などと確認します。
③名刺の扱い
　名刺は折ったり、汚したりしないように大切に扱います。そのまま座って話をする場合はテーブルの上に座席順に名刺を丁寧に置き、名前や役職名を間違えないようにします。
④名刺の保管
　面談が終わった後は、訪問の日付・用件・特徴などを書き入れておくと相手の記憶がしやすく、後の業務に利用できます。名刺は名刺箱などで整理して、ファイリングします。

3）席次
　面談や宴席、車での移動など、席には席次があり、誰がどの席に着くのかが問題になります。

図表4－3　席次

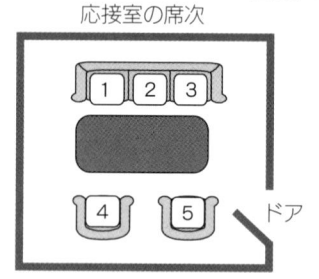

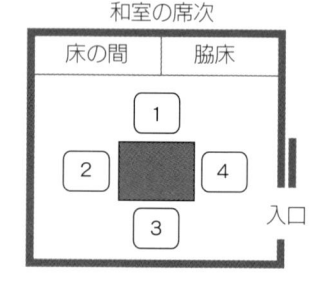

　洋室での席次の基準はドアから遠く、外の眺めや絵画・置物が見やすい、座り心地のよい椅子やソファが上席になります。応接室のレイアウトは席次を考えて行い、書類の配布や茶菓の提供も席次にしたがって行います。
　和室の席次の基準は床の間で、入口から遠く、床の間を背にした場所が上座になります。料理や飲み物は上座から提供します。

第4章　秘書の応対業務

車の席次は、タクシーや社用車のような運転手がいる場合は後部座席の奥が上席、秘書や職位の下位の者は運転席の横になります。しかし、最近では上司が直接運転しているケースも多く、そのような場合は席次の考えも変わり、上司の横の助手席が上席になり、後部座席の奥が次になります。

図表4-4　自動車の席次

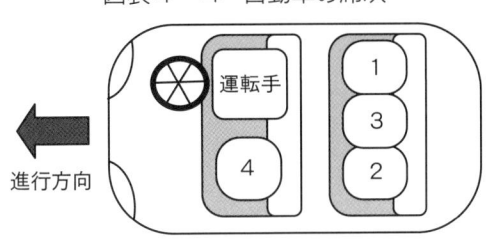

■テーブルのセッティング
・茶は右・菓子は左
・飯は左・椀は右
・箸の先は左

4）テーブルのセッティング

テーブルのセッティングはお茶やコーヒーなどの飲み物やお吸い物や味噌汁などの汁物は、利き手である右手側に、お菓子やご飯、丼ものなどは左手側に置きます。箸は持ち手を右側にして箸置を使って手前にセットします。スプーンや楊枝なども持ち手は右側にします。

図表4-5　テーブルのセッティング

茶菓の位置
お茶は右側
お菓子は左側

紅茶は右側
ケーキは左側

食事と箸の位置
左にご飯、右にお椀
手前に箸

■紹介の順序
・若い人を先に
・訪問した方が先に
・社内の人が先に

5）紹介の順序

人と人が初めて会う時、それぞれが紹介をしますが、どちらが先に名乗るか、どちらを先に紹介すべきかを考えてみましょう。自分が訪問した場合は訪問した側が先に名乗ります。また、両者を比べた時、地位の低い人、若い人が先に名乗る、あるいは紹介するということになります。以下に紹介の場面を想定しましたので確認してください。

① Aさんが友人のFさんを木村専務に紹介する場合
「木村専務、私の友人Fさんです」「Fさん、木村専務です」
（若い人から紹介する）

② 木村専務が星野社長に工藤茶園工藤会長を紹介する場合
「工藤会長、当社の社長星野をご紹介いたします」（社内の人を先に紹介する）
③ 木村専務が中井専務と工藤茶園工藤会長を訪問した場合
「工藤会長、当社の専務中井でございます」「中井専務、こちら工藤会長でいらっしゃいます」（訪問した方の人から先に紹介する）

(5) 外国からのお客様の応対

秘書は、上司のところへ訪れる外国のお客様や関係者の応対をすることもあります。また、上司や同僚が外国人というケースもめずらしくなくなりました。英語による応対の基本を学び、適切に対応できるようにしましょう。

1) 相手の会社、部課名、氏名、アポイントメントの有無、用件を確認し、上司に取り次ぎます。

秘書A：Good morning. May I help you?（おはようございます。ご用件を承ります）

お客様：I have an appointment with Mr. Kimura at eleven.（木村さんと11時にお約束があるのですが）

秘書A：May I have your name?（どちらさまでしょうか）

お客様：I am John Coke of ABC Company.（ABC社のジョン・コークと申します）

秘書A：Yes, Mr. Coke. I'll tell Mr. Kimura you are here.
（コーク様でいらっしゃいますね。木村にいらっしゃったことを伝えます）
Mr. Kimura can see you now. Would you come this way, please?
（木村はすぐに参ります。ご案内いたしますので、こちらにどうぞ）

2) アポイントメントがない場合は、お客様に上司が会えないことを伝え、アポイントメントをとってもらうように伝えます。

秘書A：Do you have an appointment?（お約束いただいてますでしょうか）

お客様：No.（いいえ、していません）

秘書A：I see. I'll ask Mr. Kimura if he's available.（わかりました。木村がお会いできるかどうか聞いてまいります）

秘書A：Thank you for waiting. Mr. Kimura is occupied today. He asks you to make an appointment in advance.（お待たせいたしました。木村は本日予定がつまっております。後日、面談のご予約をいただきたいと申しております）

3) お客様に応接室で10分待ってもらうように伝え、案内します。

秘書Ａ：Mr. Kimura has a visitor now. He would like you to wait for about ten minutes in the reception room. I'll take you to the room.（木村はただ今来客中でございます。応接室で10分程お待ちいただきたいと申しております。では、応接室にご案内いたします）

お客様：Oh, yes. Thank you.（わかりました。ありがとうございます）

秘書Ａ：Would you come this way, please?（こちらでございます）

4) 応対時によく使われる英語表現

・いらっしゃいませ … May I help you?
・どちらさまですか … May I have your name?
・〜がお待ちいたしております。… He is expecting you. / He is waiting for you.
・木村は会議中でございます。… He is in a meeting now.
・突然のお客様にはふつうお会いできないのですが …
　　He doesn't meet anybody without an appointment. /
　　He doesn't meet visitor without an appointment.
・少しお待ちいただけますか … Would you wait for a while?

コラム

ペットボトルのお茶と紙コップでも大丈夫？

　最近は、会議や打ち合わせなどで、お茶やコーヒーの代わりに、ペットボトルのお茶が出されることが多くなっています。お茶をいれ、運び、取り換えるなどの手間をはぶくとともに、参加する人もお茶を運んでくる人に気を使ったり、お茶をこぼすのを気にしたりすることなく、飲みたい時に飲めるなどの利点があります。こんな時には、紙コップを横に置き、ペットボトルから直接飲むことがないように配慮したいものです。

2. 電話応対

(1) 電話 ― 顔の見えない相手とのコミュニケーション ― を学ぼう

　電話での応対は、接遇業務と同じように、上司と社内外の人との間で業務や人間関係をつないでいく重要な秘書業務の一つです。しかし、電話応対は相手の顔の見えない、音声のみのコミュニケーションなので特別の配慮が必要です。

　ここでは、電話応対業務の流れと基本を学びましょう。電話応対に重要な話し方や言葉遣いなども学んでいきましょう。

> 電話応対の事例
>
> 　Aさんが行う秘書の日常業務では、電話を頻繁に使用します。しかし、新人秘書のAさんは電話応対が苦手です。電話では明確な言葉の使い方や簡潔な表現が求められるからです。
> 　先日、星野社長と木村専務の打ち合わせ時間変更の電話が福山課長からありました。
> 　「木村専務と社長との打ち合わせは1時から2時に変更になりました。」
> 　Aさんはメモをして、木村専務に「社長との打ち合わせが1時からになりました」と伝えました。Aさんは「打ち合わせは1時から始まって2時まで」と理解したのですが、福山課長は「始まる時間が2時に変更」という意味でした。
> 　Aさんの電話での会話はどこが悪かったのでしょうか。

問題 電話での秘書の応対業務場面を考えてみましょう！
考えられる対応策をリストアップしてみましょう。

第4章 秘書の応対業務

(2) 電話応対の流れと基本

秘書はさまざまな場面で、電話をかけたり、受けたりします。特に社内他部署の人との連絡や調整、社外の人への連絡、依頼、上司に依頼されての代理での電話や出張の手配、食事の注文など、電話は欠かせない業務遂行の道具になっています。

電話応対業務には、主に次の4つのケースがあります。図で流れを見てみましょう。

- ■ **電話を受ける** …… ＜秘書への電話を受ける＞＜上司への電話を取り次ぐ＞
- ■ **電話を受ける** …… ＜上司が不在中に上司への電話を受ける＞
- ■ **電話をかける** …… ＜秘書が社内外の人に電話をかける＞
- ■ **電話をかける** …… ＜上司の代理で秘書が電話をかける＞

図表4-6　電話応対の流れと基本

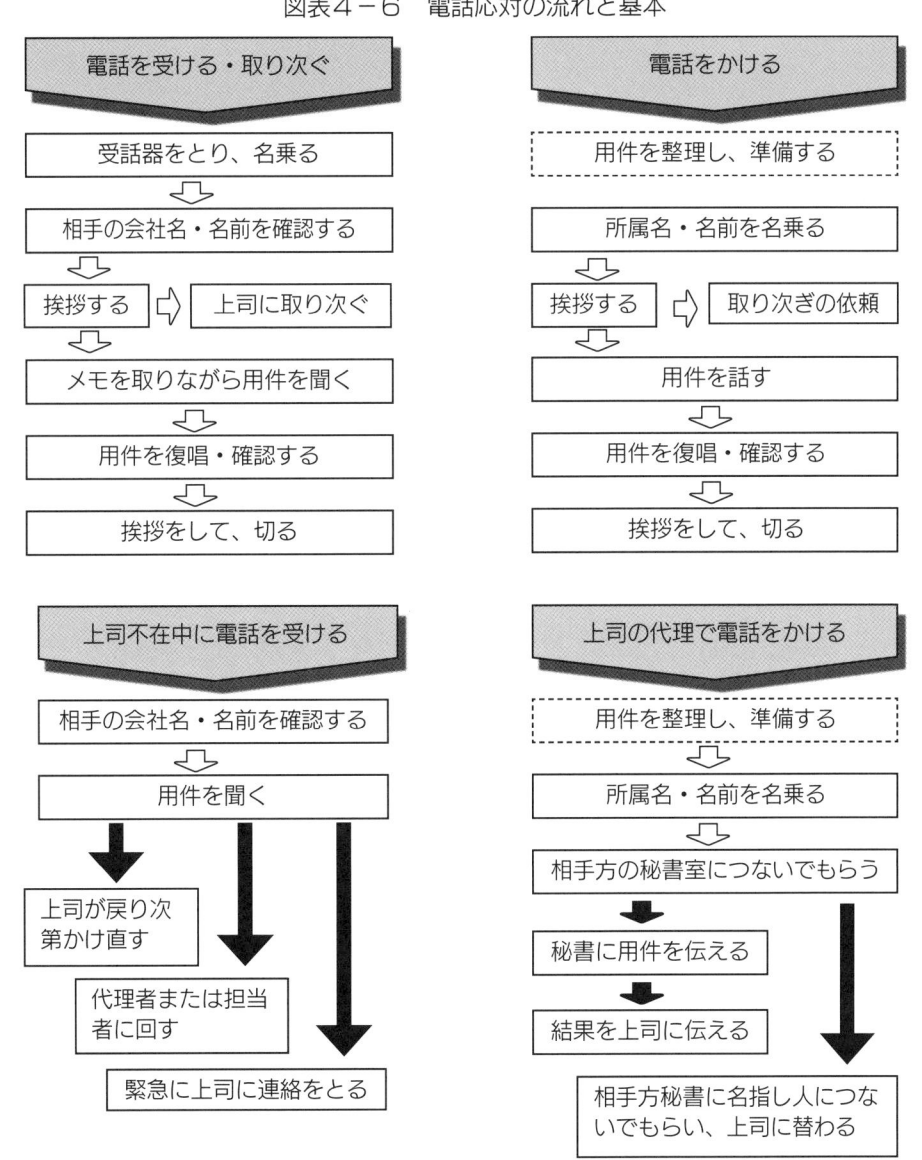

電話を受ける・取り次ぐ
1. 受話器をとり、名乗る
2. 相手の会社名・名前を確認する
3. 挨拶する → 上司に取り次ぐ
4. メモを取りながら用件を聞く
5. 用件を復唱・確認する
6. 挨拶をして、切る

電話をかける
1. 用件を整理し、準備する
2. 所属名・名前を名乗る
3. 挨拶する → 取り次ぎの依頼
4. 用件を話す
5. 用件を復唱・確認する
6. 挨拶をして、切る

上司不在中に電話を受ける
1. 相手の会社名・名前を確認する
2. 用件を聞く
   - 上司が戻り次第かけ直す
   - 代理者または担当者に回す
   - 緊急に上司に連絡をとる

上司の代理で電話をかける
1. 用件を整理し、準備する
2. 所属名・名前を名乗る
3. 相手方の秘書室につないでもらう
4. 秘書に用件を伝える
5. 結果を上司に伝える
6. 相手方秘書に名指し人につないでもらい、上司に替わる

（3）電話の受け方

確認ポイント！

■受話器を取る
・筆記用具とメモ用紙
・前置きの言葉

1）メモ用紙・筆記具を準備し、応対はゆとりをもつ

① すぐに電話に出て名乗ります。受話器は左手、右手には筆記具を持ちます。「もしもし」は言いません。始まりの言葉は聞き取りにくい場合があるので、Aさんは「はい」などの言葉を前置きとして使っています。

> はい。ホシノ・ビバレッジ秘書課でございます

> お電話ありがとうございます。ホシノ・ビバレッジ秘書課でございます

・相手を待たせない

② 3コール以上なった後、電話に出た場合は相手に配慮して謝罪の気持ちを表わします。
「大変お待たせいたしました。ホシノ・ビバレッジ秘書課でございます」

・挨拶

③ いつもの顧客や取引先の場合は状況に応じて挨拶をします。
「先日はお越しいただいてありがとうございました」

・相手の名前・所属の確認

④ 相手の名前・所属を確認します。相手の声が聞き取れない場合は、再度尋ねて確認します。

> 岡田商事の林さまでいらっしゃいますね

> 恐れ入りますが、もう一度お名前をお願いいたします

・名乗らない相手の所属・名前の確認

⑤ 相手が名乗らない場合は、所属・氏名を確認します。

> 恐れ入れますが、どちらさまでしょうか

・間違い電話の対処

⑥ 間違い電話の場合は電話先の番号や名前を確認します。

> 失礼ですが、どちら（何番）におかけでしょうか

第4章　秘書の応対業務

- メモを取り、復唱しながら話を進める

⑦相手の話を正確に聞き取り、必ずメモを取りながら用件を伺います。特に名前や場所、時間、数量などは間違いがないように、注意して聞き取ります。また、相手が話を進めやすいように、確認の意味でも要点を復唱しながら話を進めます。

> ご面談の日程の件についてお尋ねですね

> 9月25日水曜日2時から3時までですね

- 話の内容を復唱確認

⑧最後に内容を復唱して確認します。

> それでは、月曜日の2時に専務の木村が△△支社に伺います

- 締めくくりの挨拶
- 電話はかけた方が切る
- 静かに切る

⑨挨拶をした後、少し間をおいて静かに切ります。大切なお客様の場合は、相手が切ったのを確認して切ります。

> それでは失礼いたします

> 今後ともよろしくお願いいたします

■電話の取り次ぎ
- 名指し人の確認

2）電話の取り次ぎ方・伝言の受け方

①相手の所属・氏名と名指し人・用件確認して、取り次ぎます。取り次ぎの際、待ってもらう場合は電話を保留にします。

> 専務の木村でございますね。ただ今、替わりますので少しお待ち下さい

- 所属・名前・用件を聞き取り次ぐ

②名指し人や用件が不明な場合は、確かめてから取り次ぎます。名指し人が相手の所属・名前・用件などを簡潔に伝え、長く待たせないように、相手に2度聞きしないように配慮します。

> 岡田商事の林様から、木村専務との面談の件で、お電話が入っています

・電話を替わった人が名乗る	③名指し人に取り次いだことを確認して電話を切る。
	 お電話替わりました。木村です。
・名指し人が席を外している場合	④名指し人が他の電話に出ている、会議で席を外している、外出しているなどの場合は状況に応じて、次のような対応を考えます。
・折り返しかける	・名指し人に、戻りしだい後で折り返しかけてもらう 「△時に木村が戻りましたら、お電話を差し上げるよう申し伝えます」
・再度かけなおしてもらう	・相手に、名指し人が戻った頃、かけなおしてもらう 「申し訳ありませんが１時頃もう一度お電話をいただけないでしょうか」
・伝言を承る ・代理で用件を承る	・代わって用件を承る・伝言を承る 「私は秘書課のＡと申しますが、もしお差し支えなければ代わってご用件（ご伝言）を承ります」
	専務の木村は、ただ今、席を外しておりまして…
・伝言は要点を押さえてメモする	⑤伝言は要点を押さえてメモする 伝言を依頼された場合は、内容の要点をメモします。伝言の要点を落とさないために、次のような、聞くべきポイントが印刷されたメモ用紙を使用すると便利です。メモするべき項目は、発信者、宛名、伝言内容、相手の連絡先、電話番号、受信した月日・時間、電話を受けた人の名前などです。特に、日時・場所・数量などはあいまいな表現にせずに明確にしましょう。

```
           伝言メモ（例）
_____様から
_____あて
□ 電　話　　　□ 来　訪
＜伝 言＞_____
_____
_____
□ また電話する　□ 電話がほしい　□ また来る
＜連絡先＞_____
受信日時　　　　　受信者
```

第4章　秘書の応対業務

(4) 電話のかけ方

確認ポイント！

■電話のかけ方
・事前の準備が重要

1) 電話をかける前に名刺や資料の準備
　①電話をかける前に準備する。
　　Ａさんは、電話をかける時、次のように、事前の準備を十分にするように心がけています。
　・机の上に、メモ用紙・筆記具を準備しておきます。
　・相手の電話番号・会社名・部署名・役職と名前をフルネームで確認しておきます。
　・資料は机の上に準備し、複雑なものは付箋(ふせん)などで印を付けます。
　・用件を手短に話せるようにメモして、もれがないか確認します。

・名乗る

　②電話をかけて、名乗る。
　・相手が電話に出たら会社名・部課名を確認し、自分の所属部署、名前をはっきりと名乗ります。

> ホシノ・ビバレッジ秘書課のＡと申します。

・取り次ぎの依頼

　③簡単な挨拶をして、取り次ぎを依頼します。名指し人の名前は相手にはっきりと伝わるように心がけます。

> 先日は大変お世話になりました。面談の件で、林部長様にお話がございまして。林部長様はいらっしゃいますでしょうか。

・用件は要領よく

　④用件は簡潔に要領よく話す。
　　用件は簡潔に5W2Hの要領でわかりやすく話します。特に、日時、場所、数量、名前などは明確に伝えましょう。名指し人の名前は相手にはっきりとわかるように心がけます。

> 9日、月曜日の午後2時に、社長の星野と専務の木村が△支社に伺う予定でしたが、1時に変更していただけないでしょうか？

確認ポイント！	
・用件を簡潔に復唱	⑤用件を復唱して確認 　用件内容を簡潔に復唱して、相互に内容についての理解が一致しているか、確認をします。 　では、9日、月曜日の午後1時に、社長の星野と専務の木村が△支社に伺います。
・かけた方が先に切るのが原則	⑥締めくくりの挨拶をして、切る 　最後に、締めくくりの挨拶をして、間をおいて静かに切ります。かけたほうが先に切るのが原則です。面倒な依頼や直前の変更などの時は詫びる気持ちを入れます。 　よろしくお願いいたします。 　では、失礼いたします。

（5）電話での話し方

確認ポイント！	
■電話での話し方	1）電話応対時の話し方の要領 　ビジネスの現場では簡潔に要点をつかんで話すことが重要です。また、電話では相手の状況がわからないので細心の配慮が必要です。
・最初に名乗り、用件を簡潔に話す	①自分はだれかを名乗り、最初に用件を簡潔に話します。 　例：「ホシノ・ビバレッジ秘書課の山本と申します。明日の星野の訪問の件についてお電話をいたしました」
・相手の状況を考慮する	②相手の状況を考慮することが必要です。時間帯によってお客の応対中であったり、仕事が立て込んでいるなどの事情があります。 　例：「ただいま、お時間よろしいでしょうか」
・話は全体から部分へ	③話は予測できるように全体から部分へと話をもっていきます。内容に入ったら始めに結論を簡潔に話します。伝えたい要点が明確に伝わるように、センテンスは短く、主語をはっきりと話します。 　例：「明日は星野1人の訪問ということでしたが、専務の木村と中井も同行することになりました」

■よく使う電話応対表現

2) よく使う電話応対表現

　応対用語や敬語表現や電話での応対でも変わりませんが、電話でよく使われる次のような表現もあります。

①わかりました ― 承知いたしました／かしこまりました

②もう1度言ってください ― もう1度おっしゃっていただけますか

③用件を聞きます ― ご用件を承ります／ご用件を伺います

④〜に言っておきます ― 〜に申し伝えます

⑤後でこっちから電話する ― 後ほどこちらからご連絡させていただきます

（6）外国のお客様からの電話応対

　秘書は、外国のお客様や関係者からの電話を、受けることが多くあります。対面で応対する時にはジェスチャーで助けられることも多いのですが、電話では簡単な会話にも緊張しがちです。電話での基本的な英会話を学びましょう。

1) 電話の相手の会社、所属部課名、氏名、用件を確認して、上司に取り次ぎます。

　秘書A：Hello, Hoshino Beverage Company, Mr. Kimura's office. May I help you?（はいホシノ・ビバレッジ、木村のオフィスでございます。ご用件を承りますが）

　お客様：This is John Coke of ABC Company. Can I speak to Mr. Kimura?（ABC社のジョン・コークと申します。木村さんはいらっしゃいますか）

　秘書A：Yes, Mr. Coke. Just a minute please.（少々お待ちください）

　秘書A：Thank you for waiting. Mr. Kimura is on the line now.（お待たせいたしました。木村におつなぎいたします）

2) 上司が不在で、伝言を受けます。

　秘書A：Hello, Hoshino Beverage Company, Mr. Kimura's office. May I help you?（はいホシノ・ビバレッジ、木村のオフィスでございます。ご用件を承りますが）

　お客様：This is John Coke of ABC Company. Can I speak to Mr. Kimura?（ABC社のジョン・コークと申します。木村さんはいらっしゃいますか）

　秘書A：I'm sorry, but Mr. Kimura is not in the office now. Can I take a message?（申し訳ございませんが、木村は席を外しております。伝言はございますか）

　お客様：Yes, please. I would like him to call me back when he returns.（はいお願いいたします。木村さんが戻りましたらお電話をいただきたいのですが）

秘書Ａ：I see. I'm sure he will get your message.
　　　　（承知いたしました。木村に確かに申し伝えます）

■ 演習問題

(a) Ａさんは毎朝、上司のスケジュールをチェックして、受付のアポイントメントリストに記載もれや間違いがないかを確認しています。受付のアポイントメントリストにはどのような項目が記載されていますか。４つ挙げてください。

(b) 次は受付から見送りまでの流れです。　　　　に適当な言葉を入れてください。
ここでは、秘書が行う受付・応対業務の流れと内容を学びましょう。

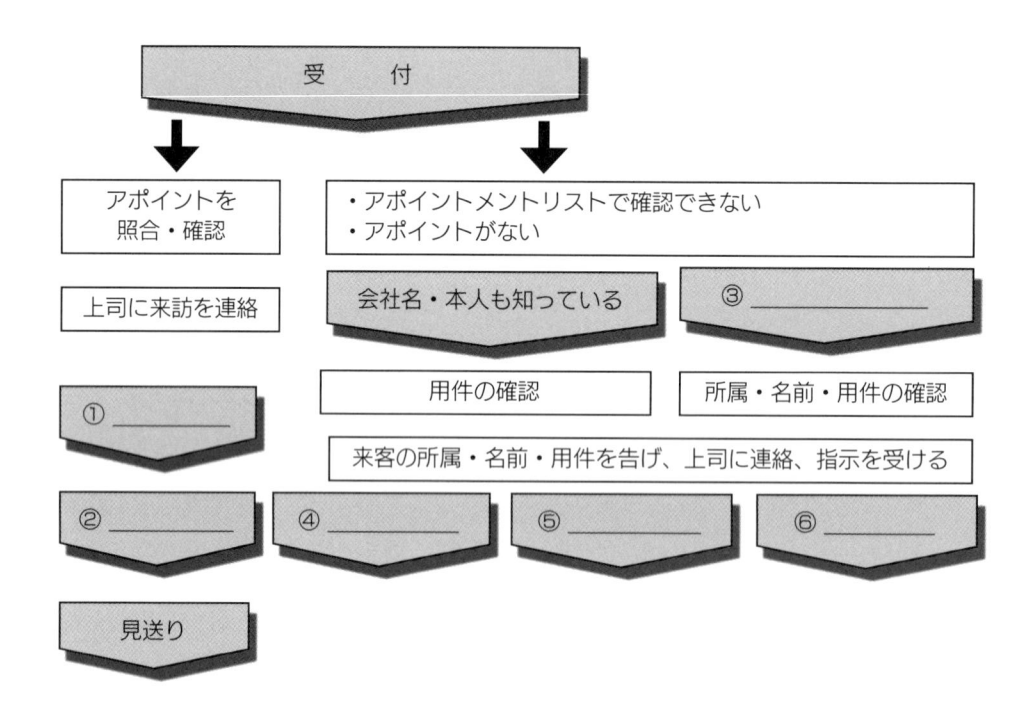

```
                          受　付
            ↓                           ↓
    アポイントを              ・アポイントメントリストで確認できない
    照合・確認                ・アポイントがない

    上司に来訪を連絡     会社名・本人も知っている        ③ _____

       ① _____          用件の確認            所属・名前・用件の確認

                         来客の所属・名前・用件を告げ、上司に連絡、指示を受ける

       ② _____      ④ _____      ⑤ _____      ⑥ _____

       見送り
```

(c) 次のようなケースではどのような対応をしますか。正しい言い方を書いてください。
　　① 受付でアポイントメントリストに名前がないお客様に対して聞く
　　② 岡田商事の岡田社長の来社を上司に告げる
　　③ 岡田社長をエレベーターで３階の第１応接室に誘導する時に告げる
　　④ お客様に進行方向を手で指示しながら告げる
　　⑤ 応接室に通して、ここで待つことを告げる
　　⑥ 応接室のお客様に、茶菓を持ってきたことを告げる

第4章　秘書の応対業務

(d) 上司の木村専務は星野社長と2時から30分程度の打ち合わせが予定されています。その後、3時から重要なお客様が来社することになっています。しかし、星野社長との打ち合わせはいつも時間が長引いてしまいがちです。Aさんはどのような配慮が必要でしょう。
　① 事前にできること
　② お客様が来社した時、まだ専務が戻らない時にすること

(e) 木村専務はあと10分ほどで外出する予定でいたところ、アポイントメントがないお客様が突然、秘書課を訪れました。転勤で来週には北海道に移るので、木村専務に挨拶に訪れたということでした。Aさんはどのように対応すればよいでしょう。

(f) 次は来訪者への秘書の対応です。ふさわしい言葉に変えてください。
　① （約束のあるお客様に対して）「待っていました」
　② （約束がなく、用件がはっきりしないお客様に対して）「悪いが、上司の木村専務は会えません」
　③ 「すみません。あいにく上司の木村専務は出張しています。よければ中村課長が代わりに話を聞きます」
　④ 「すみません。あいにく上司の木村専務は外出しています。よければ伝言を聞きます」
　⑤ （先日来社したお客様に対して）「先日は雨の中、遠くから来てくれてありがとうございます」

(g) 次の図は応接室や和室、車の中で席次を示したものである。□の中に上位の者から1・2・3・4と番号を入れてください。

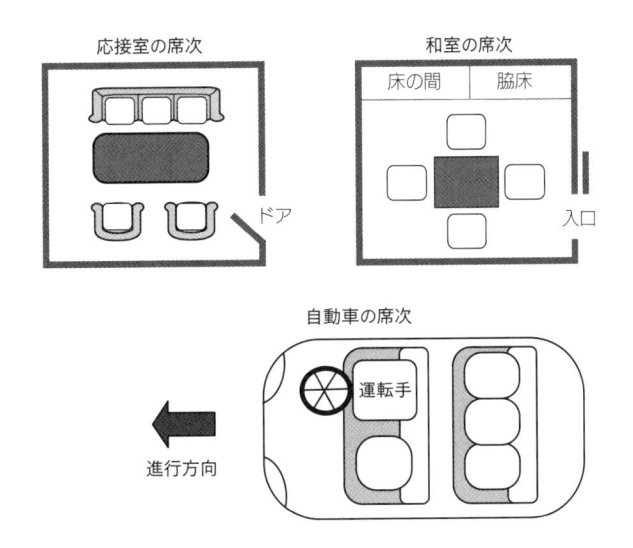

(h) 次の名刺のやりとりについて、正しいものに〇をつけなさい。
　① 名刺の受け渡しは双方が（ A.座って　B.立って ）行うのが礼儀である。
　② 名刺の受け渡しは（ A.腰の高さで　B.目の高さで　C.胸の高さで ）行う。
　③ 名刺は（ A.受け取る側に　B.自分の側に ）向けて（ A.右手　B.両手 ）で差し出す。
　④ 相手の名前が読めない時は（ A.読み方を聞く　B.聞くのは失礼なので後で調べる ）。
　⑤ 名刺の受け渡しの順序は（ A.目上の人　B.目下の人 ）が先に出す。
　⑥ 名刺の受け渡しの順序は（ A.面談を求めた　B.面談に応対した ）方が先に出す。
　⑦ 上司と同行した時、名刺は（ A.上司の前に　B.上司の後に ）出す。
　⑧ 名刺の受け渡しは（ A.手で渡す　B.テーブルに置く ）のが礼儀である。
　⑨ 名刺は（ A.黙って渡す　B.名前を名乗りながら渡す　C.肩書きと名前を名乗りながら渡す ）。
　⑩ 互いに名刺を受け渡しする場合は（ A.右出し・左受け　B.左出し・右受け ）である。

(i) 次の来客応対の説明で正しいものには〇、誤っているものには×をつけてください。
　① お茶を出す時は、給湯室からお茶をいれた茶碗を茶卓にのせて運ぶ。　　　（　）
　② お茶とお菓子を出す時は、お茶を先に出し、お菓子は後に出す。　　　　（　）
　③ 応接室が内開きのドアだったので、自分はお客より後に入って案内する。（　）
　④ エレベーターではボタンを押してお客を先にのせ、降りる時は案内しなければならないので、先に降りて誘導する。　　　　　　　　　　　　　　　　　　　　　　　（　）
　⑤ 階段を下りながらお客を案内する時は、自分が先に立って案内する。　　（　）

(j) 受付に外国人のお客様が訪れ、英語で話しかけられました。相手の会社・氏名を確認して、上司に取り次ぎましょう。
　秘書A：おはようございます。どのようなご用件でしょうか。
　お客様：11時に木村さんとお会いするお約束をしています。
　秘書A：どちらさまでしょうか。
　お客様：ABC会社のジョン・コークと申します。
　秘書A：コーク様でいらっしゃいますね。いらっしゃったことを木村に伝えます。
　………………………………… 取り次ぎ …………………………………
　秘書A：木村はすぐにおめにかかることができます。こちらにどうぞ。

(k) 秘書がお客様に応接室で待ってもらうように英語で伝え、案内しましょう。
　① 木村は来客中でございます。
　② 応接室で5分ほどお待ちいただきたいのですが。
　③ では、ご案内いたします。

第4章　秘書の応対業務

(l) 次の応対用語を英語に変えなさい。

① 今日、木村は所用で、お会いすることができません。

② 木村がお会いできるかどうか聞いてまいります。

③ 木村が事前にアポイントメントをお取りいただきたいと申しております。

(m) 電話をかけるケースです。「　」に適当な受け答えを書き入れてください。

> ・ホシノ・ビバレッジ、秘書課のAさんが取引先の東京商事の秘書課に電話をかけます。
> ・10月7日(月)午後1時に、星野社長と木村専務が東京商事の久米社長を訪問する予定でした。
> ・Aさんは、久米社長の秘書、斎藤さんに事情を話し、訪問時間を1時から1時30分に変更してももらうよう依頼します。
> ・Aさんはどのように電話で話せばよいでしょうか。考えてみましょう。

事前準備：メモ用紙・筆記具、資料準備と用件、相手の会社名・部署名・役職・名前確認

1．相手の会社名・部課名を聞いて確認し、自分の所属名、名前を名乗る
   「_____」
2．簡単な挨拶をする　　「_____」
3．取り次ぎを依頼する　「_____」
4．用件を話す。5W2Hの要領でわかりやすく話す。特に主語は明確に話す。
   「_____」
5．最後に用件を復唱、確認する。日時、場所、数量、名前などは明確にする
   「_____」
6．直前の変更のお詫びと締めくくりの挨拶をする
   「_____」

(n) 電話を受け、取り次ぐケースです。「　」に適当な受け答えを書き入れてください。

> Aさんに東京商事の社長秘書、斎藤さんから電話がかかりました。東京商事の久米社長と中井専務との面談の件で、中井専務担当秘書の山本さんに取り次いでほしいとの依頼です。Aさんはどのように電話で対応すればよいでしょうか。考えてみましょう。

① 自社の名前・部署名を名乗り、相手の所属・氏名と名指し人を確認して、取り次ぐ

秘書A：「_____」

斎藤　：「私東京商事社長秘書の斎藤と申します。山本さんはいらっしゃいますか。」

秘書A：「_____」

斎藤　：「9日の中井専務さんと社長の久米との面談の件で、お話がございまして…」

秘書A：「_____」

② 名指し人が相手の名前・用件などを2度聞きすることのないように取り次ぐ
　　秘書A：「_____」
　　山本　：「はい、わかりました。」
　　　・電話を取り次がれた名指し人は、かわったことと名前を告げる
　　山本　：「_____」
　　斎藤　：「東京商事の斎藤でございます。いつもお世話になっております。
　　　　　　実は、今日お電話いたしましたのは ……」
③ 名指し人が他の電話に出ていて、長引きそうな場合
　　秘書A：「_____」

(o) 電話は英語でかかってきました。英語で相手の会社、氏名を確認して、上司に取り次ぎましょう。
　　お客様：This is John Coke of ABC Company.　Can I speak to Mr. Kimura?
　　秘書A：コーク様、少々お待ちください。
　　秘書A：お待たせいたしました。専務の木村におつなぎいたしました。

(p) 上司が不在の時に英語で電話がかかってきました。英語で上司への伝言を受けましょう。
　　秘書A：はい、ホシノ・ビバレッジ、木村のオフィスでございます。ご用件を承りますが。
　　お客様：This is John Coke of ABC Company.　Can I speak to Mr. Kimura?
　　　　　　（ABC社のジョン・コークと申します。木村さんはいらっしゃいますか）
　　秘書A：申し訳ございませんが、木村は席を外しております。伝言はございますか。
　　お客様：Yes, please.　I would like him to call me back when he returns.
　　　　　　（はい、お願いいたします。木村さんが戻りましたらお電話をいただきたいのですが）
　　秘書A：承知いたしました。木村に確かに申し伝えます。

コラム

受付でのセキュリティ管理

　情報管理だけでなく、企業への侵入者などに対するセキュリティ管理も同時に厳しくなっています。たとえば、社員はIDカードがなければ建物や会議室などに入室できず、面談の予約者が受付する際は、受付リストの人数や名前が合致しなければ入館できないなどの規制を設けているところが多くなっています。また、エレベーターによって、役員室のある階で止まるものとそうでないものとが区別されていたりします。

第5章 出張のコーディネート
～ミスのない仕事をしよう～

学習のねらい

　上司は会議、視察、商談等で全国各地を飛び回り、経営管理者としての職務を遂行しますが、秘書はその多忙な上司の出張の段取りを一手に引き受けサポートをします。航空機、宿泊等の予約、出張先でのアポイントメント、旅費の準備など一連の出張業務を、秘書ならではの心配りをしながら迅速に進めていきます。

　人やモノが国内に限らずグローバルに動く現代では、海外企業との交渉や取引のため、海外へ出向くことは特別なことではなくなりました。そのため、海外出張業務の知識も秘書にとっては一般的なこととして捉える時代に入っています。

　この章では、出張が決まった時点での準備から、出張後の事後処理までの基本的業務や心得を学び、秘書の出張コーディネート力を身につけていきます。

1．出張コーディネートの基本

(1) 出張の準備

　遠方への出張は、移動時間や慣れない場所の確認など、間違いのない計画が必要になります。余裕を持って到着できるよう出発時間を決め、安全で快適に眠ることができるような宿泊施設を予約するなど、出張がスムーズに運ばれることを想定して準備を進めていきます。一歩踏み込んだ気配りによって、上司が安心して出張任務をはたせるよう準備のしかたを学びましょう。

> **出張が決まった！**
>
> 　9月2日（月）臨時役員会にて次のことが決定しました。
> 　ホシノ・ビバレッジでは、国民の健康志向に叶（かな）う新製品「黒プーアール茶」を今年のヒット商品とするため販売促進戦略を練っています。そこで、これを成功させるため、今月24日（火）～26日（木）の日程で、木村専務が札幌支社および旭川営業所へ出向き、北海道の販売促進強化を行うことになりました。「今月24日から北海道へ出張になったので準備を頼む」木村専務の指示を受けて、Aさんは出張のコーディネートにとりかかることになりました。

問題　木村専務との確認の会話から出張のアウトラインを書いてみましょう。

木村専務に確認した際の会話	アウトライン
「札幌支社の販促会議を24日（火）2時からすることになった。その日は夕刻6時から札幌飲料株式会社山田社長と会食をすることにもなっている。宿泊は2泊とも札幌パシフィックホテルをとって欲しい。 　次の日には、新規業務契約のため日帰りで旭川市にある道王清涼飲料組合に行くことにする。旭川まで行くのだから、あの有名な旭山動物園を少しだけ見学してきたいなあ。 　3日目の26日（木）には、ついでに札幌のライラック生協の水田理事長を訪問しようと思っている。水田さんは大学の同級生なんだ。水田さんにはちょっとしたお土産を用意しよう。お土産は私が羽田空港で購入することにする。そうだ山崎常務も同行してもらうのでよろしく頼みます」	○出張先：_____ ○出張目的：_____ ○出張日程：　泊　日 　　　　日（　） _____ _____ 　　　　日（　） _____ _____ 　　　　日（　） _____ ○宿泊先：_____ ○同行者：_____ ○お土産：_____

82

（2）出張コーディネートの流れ

図表5-1

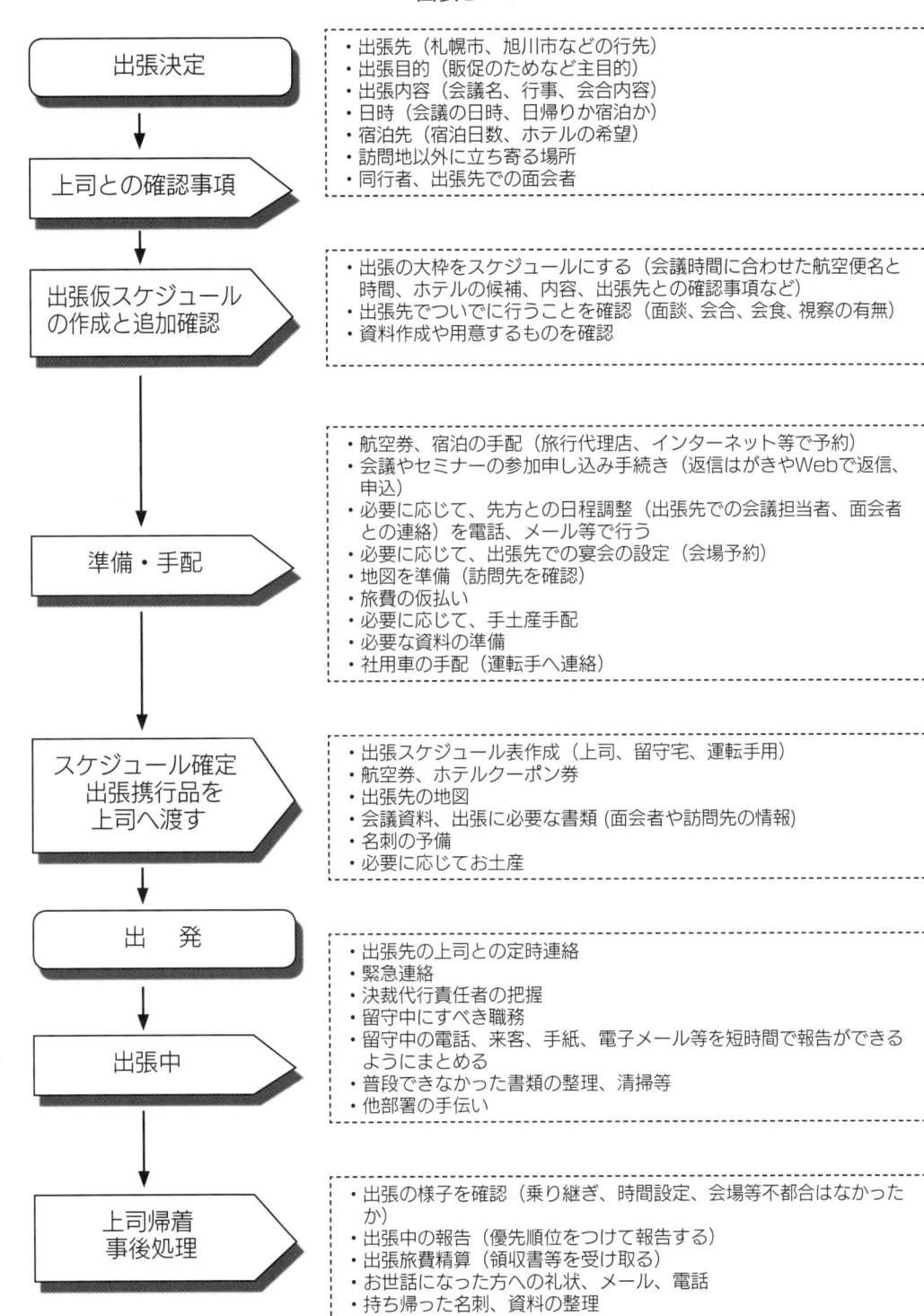

出張決定
- 出張先（札幌市、旭川市などの行先）
- 出張目的（販促のためなど主目的）
- 出張内容（会議名、行事、会合内容）
- 日時（会議の日時、日帰りか宿泊か）
- 宿泊先（宿泊日数、ホテルの希望）
- 訪問地以外に立ち寄る場所
- 同行者、出張先での面会者

上司との確認事項

出張仮スケジュールの作成と追加確認
- 出張の大枠をスケジュールにする（会議時間に合わせた航空便名と時間、ホテルの候補、内容、出張先との確認事項など）
- 出張先でついでに行うことを確認（面談、会合、会食、視察の有無）
- 資料作成や用意するものを確認

準備・手配
- 航空券、宿泊の手配（旅行代理店、インターネット等で予約）
- 会議やセミナーの参加申し込み手続き（返信はがきやWebで返信、申込）
- 必要に応じて、先方との日程調整（出張先での会議担当者、面会者との連絡）を電話、メール等で行う
- 必要に応じて、出張先での宴会の設定（会場予約）
- 地図を準備（訪問先を確認）
- 旅費の仮払い
- 必要に応じて、手土産手配
- 必要な資料の準備
- 社用車の手配（運転手へ連絡）

スケジュール確定 出張携行品を上司へ渡す
- 出張スケジュール表作成（上司、留守宅、運転手用）
- 航空券、ホテルクーポン券
- 出張先の地図
- 会議資料、出張に必要な書類（面会者や訪問先の情報）
- 名刺の予備
- 必要に応じてお土産

出　発

出張中
- 出張先の上司との定時連絡
- 緊急連絡
- 決裁代行責任者の把握
- 留守中にすべき職務
- 留守中の電話、来客、手紙、電子メール等を短時間で報告ができるようにまとめる
- 普段できなかった書類の整理、清掃等
- 他部署の手伝い

上司帰着 事後処理
- 出張の様子を確認（乗り継ぎ、時間設定、会場等不都合はなかったか）
- 出張中の報告（優先順位をつけて報告する）
- 出張旅費精算（領収書等を受け取る）
- お世話になった方への礼状、メール、電話
- 持ち帰った名刺、資料の整理

2．国内出張計画と手配

　今ではインターネットを利用し、航空券や宿泊の手配は時間に関係なく簡単にできるようになりました。出張に絡む先方との打ち合わせや関係資料のやりとりはメールで瞬時に行うことができ、秘書が行う出張業務は仕事のしかたも形を変え、スピードアップしてきています。そのような環境の中で、いざという時にスピーディに出張業務が処理できるよう、普段からインターネットや情報誌、周りの人から多くの情報を入手して出張に備えます。

確認ポイント！

■出張の分類
・国内、海外出張

■出張の計画
・無理・無駄のない計画で快適出張

■出張計画の流れ

（1）国内出張準備

1）出張の分類（種類）

　出張にはさまざまなケースがあり、目的、出張日数、行先により区別することができます。

① 目的別：販路拡大、現地視察、研究会、祝賀会、葬儀参列など、企業の目的を遂行するために必要なことはすべて出張扱いとなります。
② 出張日数：日帰り、宿泊を伴うものがあります。
③ 行　先：国内（市内、市外、都道府県外等）、海外に分けられ、行先により準備は大きく異なります。

2）出張の計画

　遠方への出張は、乗り継ぎなど余裕を持って移動できるよう時間を設定し、慣れない地域へ行く場合は地図で場所を確認するなど、出張先で迷って時間を失うようなことのないようしっかりした計画が必要になります。無理、無駄のないよう、到着時間から逆算して時間を計算し計画を練ります。まずは大枠を秘書が考え、上司と相談して出張日程を組んで行きます。

　この段階でホテルの空室状況や交通機関の空席を確認して残席が少ないような場合は、仮予約で押さえておきましょう。多くの人が移動する繁忙期などは、なかなか座席を取ることができない場合もありますので、先を読んで臨機応変に対処することが求められます。

STEP1（準備）▶ STEP2（計画）▶ STEP3（点検）▶ STEP4（実行・修正）

第5章　出張のコーディネート

STEP1. 「上司が出張に行き、所期の目的をはたす」ために準備をサポートする。
STEP2. 目的のためのプロセスをすべて挙げ計画を立てる。A案B案など選択肢も用意する。
STEP3. 全体を見渡して、もれがないかを点検する。
STEP4. 計画に従って実行する。計画どおりにいかない点を修正する。

■交通機関の手配
・時間とコストを考え交通機関を選択

3）交通機関の手配

上司との確認が済み出張計画が決定したら、航空券、宿泊等の手配に入ります。実際には、上司が好む航空会社、座席クラスを選択し、予約を入れます。空港から目的地までの所要時間、列車の運行時間、乗り継ぎ時間などトータルで組み立てていきます。現在は、インターネット上の「路線情報」や検索ソフトなど、出発地と到着地を入力して検索すると、目的地までの経路や、交通機関の選択肢と所要時間、料金が出てくる便利なものもありますので活用しましょう。

図表5－2　Yahoo! 路線情報

※モバイル版もあり

■ 航空券・列車の座席選択

・航空券・列車の座席選択
・上司にふさわしい座席を用意

航空便の座席クラスは、グレードの順番からファーストクラス、ビジネスクラス、エコノミークラスと大きく3つに分けられます。ビジネスクラス以上は座席がゆったりとしており、茶菓等の機内サービスがエコノミーとは異なります。国内線ファーストクラスはすべての便にあるわけではありませんので、注意が必要です。

また、列車の座席は指定席、グリーン席の選択ができます。上司が移動する場合は、周りが静かでゆったりとした座席のグリーン席を選ぶ場合が多くなります。社長などトップの職位にある人の選択は、規程上一般社員とは異なるということを踏まえておかなければなりません。

確認ポイント！

■宿泊予約
・会場に近いホテルを選ぶ
・ホテル予約条件
　安全で安心して泊まれる

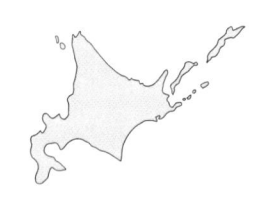

4）宿泊予約

　旅費規程で決められている宿泊費の金額内で収めることを前提に、宿泊するホテルや旅館は交通の便のよいところ、会議が開催される会場になるべく近いところをポイントとして決めていきます。特に、秘書個人の価値観で判断するのではなく、上司の職位や好みを考慮し、ホテルの格式、安全面などを重視して選択すべきです。秘書は上司との日常のコミュニケーションから、眺望のよい上層階の部屋を好む、禁煙ルームを希望するなどの情報を得て、その都度状況を見ながら、秘書の気配りで快適な宿泊計画を練ってください。これらの手配は、旅行代理店を通して行う場合もありますが、インターネットを利用して予約を入れる秘書も増えています。インターネットは空室状況もすぐにわかり、24時間予約可能です。状況によって旅行代理店と使い分けを行います。

図表5-3　ホテル予約時に必要となる選択

部屋のタイプ	シングル、セミダブル、ダブル、ツイン、トリプル
喫煙	禁煙、喫煙可
食事	朝食なし、朝食付、朝夕食付
その他	朝刊サービス、ルームサービス

■出張先への連絡
・出張先と時間、場所など確認

5）出張先への連絡

　会議やセミナーなどの参加連絡（返信はがきや電子メール、あるいは電話）、出張先での面会者への連絡、自社の支店との連絡などは秘書が行います。参加メンバー、所要時間、内容、必要とする資料など、その会議や会合に必要なものは事前に確認して準備をします。

　また、出張先では、会議等が終了した後に会食を伴うことがありますが、多くは相手主催の場合が多く、セッティングの心配はほとんどありません。しかし、上司が主催する場合は秘書が会食の会場を決めて先方に連絡することになります。生魚が苦手な人をお寿司に招待するなど、せっかくの機会をマイナスにしないように気を配り、相手の好みやアレルギーの有無にも配慮します。

第5章　出張のコーディネート

■出張スケジュール表作成
・この1枚で出張すべてが進むスケジュール表

6）出張スケジュール表作成

　出張に関する手配や準備が整った後、出張スケジュール表を作成します。出張スケジュールは、通常のスケジュール表とは異なり、出張行程をなるべく1枚に収めるよう（長期間の場合は複数枚）に日にち毎に区切って予定を入れます。この時配慮することは、移動、乗り継ぎに余裕を持たせることと、時間の無駄を極力避けることです。上司の年齢や体力を考えて組んでいくことも重要です。のんびり行きたい上司を急がせることや、スピードのある上司に、むやみに長い空き時間を作るなど、上司にストレスをかけることのないように配慮すべきでしょう。

■旅費規程
・出張にカードは必需品

7）旅費規程

　出張は会社の命令により出向くものですので、出張に必要な経費は会社から支給されます。支給されるものは次のとおりです。

　①交通費：航空券、列車座席運賃、バス、地下鉄、タクシー等
　②宿泊費：ホテル、旅館等の宿泊費用。一定の基準があり役職によって支給金額が異なる。
　③日　当：旅行中の昼食費およびこれに伴う諸雑費。役職によって支給金額が異なる。
　④その他：お土産代、会食に伴う飲食代等

　出張には交通費、宿泊費等の費用がかかりますので、出張費の請求事務は上司が出張に行く前に出張費用が支払われるよう手続きを済ませます。さらに出張先で支払いがある場合、最近はカード決済が増えていますが、現金支払いが考えられる場合は事前に仮払い金申請をして準備します。

　このような総務業務も出張にはつきものです。出張はその都度状況が異なりますので、確認、手配、スケジュール確定ともれのないようチェックリストを使用して確実に執り行うとよいでしょう。

（2）出張中の業務

　上司が出張中、秘書は留守を預かることになりますが、出張中に起こるトラブル、アクシデントに対して対処できるよう態勢を整えておきます。また、上司の出張中は比較的自由に仕事をすることもできますので、普段時間がなくできなかったことを処理したり、室内の清掃、職務上の勉強をするなど有効に時間を使いましょう。

出張中の仕事：社長からの急ぎの連絡が入る

　木村専務は札幌へ出張中です。毎朝定時連絡（9時）をとることになっています。11時に星野社長から「新製品プロジェクトの企画書を見たい。また進捗状況はどうなっているか急いで知りたい」と指示が入りました。そこで木村専務の携帯電話に連絡してみましたが、電波の届かないところにいるようで連絡がつきません。しかたがないので札幌支社に連絡をして、「社長が新製品プロジェクトのことで急ぎで連絡したいとおっしゃっている。至急連絡が欲しいと木村専務に伝えて欲しい」とお願いをしました。専務の携帯メールにも用件を送信しました。その後、社長にこの対処を報告したところ、社長は「わかった、もういい」と言って機嫌が悪くなってしまい、秘書Ａさんはなぜ不機嫌になったのかわからず、どうしたらよいか困ってしまいました。

問題　社長はＡさんの対応に不満があるようです。その理由はどこにあると思いますか。またこのような場合、どのように対応すればよいでしょうか。

第5章　出張のコーディネート

確認ポイント！

■上司への定時連絡
・定時連絡は急用、重要なことを中心に

1）上司への定時連絡

　出張中の上司との連絡は、時間を決めて電話を入れます。それまでに入った電話、来客、アポイントメント等をなるべく簡単に伝え、急を要さないことや込み入ったことは、帰社後に伝えるようにします。場合によってはメールで連絡します。

■上司への緊急連絡

2）上司への緊急連絡

　緊急を要する要件は、定時連絡とは別に出張中の上司になるべく早く連絡をして対応をします。特に、上司がつかまらない時は、出先に連絡をして至急連絡をするよう伝えてもらいます。緊急時の対応こそが秘書としての力が問われるところです。

■文書類の整理
・出張中、大量にたまる書類をわかりやすく整理

3）文書類の整理

　毎日届く文書は不要なものは破棄、文面の要約や必要箇所に下線を付けるなど、帰着時の上司がわかりやすいように整理しておきます。また内容によっては代行者へ回付して情報が滞ることがないよう心がけます。また、普段まとまった時間がなくできなかった名刺整理や文書のファイリングを行います。

■留守宅との連絡
・変更等は家族にも連絡

4）留守宅との連絡

　長期出張の時は、上司の帰着時刻の確認や、上司の健康状態、伝言を上司の留守宅へ伝えます。特に事故等、緊急時は社内の連絡と同時に家族に連絡をします。

■留守中の報告書

5）留守中の報告書

　留守中にすべき業務は優先順位をつけて効率的にこなすように努力します。特に、留守中の電話・来客・手紙・メール等は短時間で報告ができるようにまとめておくと便利です。

■その他の業務
・整理、修理、学習

6）その他の業務

　そのほか執務室の整理や修理などは上司不在時に行います。また、秘書としての教養を身につける勉強等、これまで時間がなくできなかった業務や学習を行いスキルアップを図ります。

（3）帰社後の上司と秘書のやりとりフロー

上司が出張を終えて帰着すると、留守中の決裁、アポイントメントの処理などたくさんの業務がたまっています。秘書は上司の様子を見ながら、緊急を要するものから報告して指示を仰ぎます。

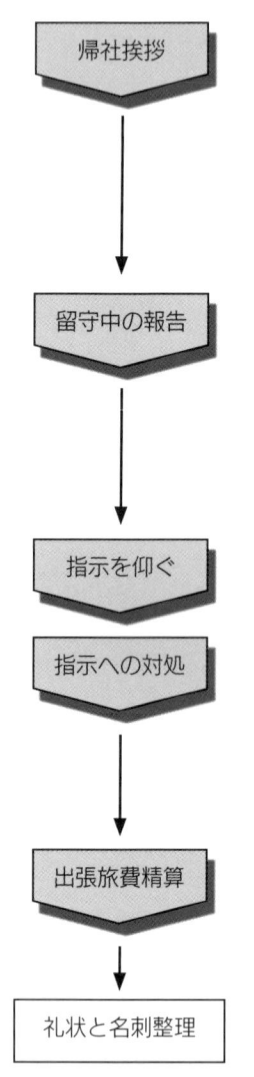

```
帰社挨拶
  ↓
留守中の報告
  ↓
指示を仰ぐ
  ↓
指示への対処
  ↓
出張旅費精算
  ↓
礼状と名刺整理
```

帰社後の上司とのやりとりは次のようになります。まず帰社されたら「お帰りなさいませ。出張お疲れ様でした」と挨拶をして、お茶を出しながら「札幌はいかがでしたか」と出張の様子を聞いてみましょう。「お留守の間の報告をいたしたいと思いますので、お手すきになりましたらお呼びください」と言って、まずは一息ついていただいてから留守中の報告をします。

「それでは出張中のアポイントメント、電話、来客についてのご報告と、文書で急ぐものからご覧いただきたいと存じます」と切り出し、アポイントメント・電話・来客リストを渡し報告をします。また決裁や郵便物で急ぐものに先に目をとおしてもらいます。

その後、上司からそれぞれに対する指示を仰いで、復唱し確認します。

上司の指示どおり、先方へ連絡をして返事をもらい、「すべて先方に連絡をして、了解を得ました」とその結果を上司に報告します。

出発前に旅費および仮払い金を渡していますが、出張先での支出金額の変更により、出張費用に過不足が生じる場合があります。秘書は出張先で支払った現金の金額やクレジットカード決済の金額を領収書等で確認して旅費精算書を作成し精算します。

そして、出張先でいただいた名刺の整理をして、お世話になった方にお礼状を送ります。なるべく帰着後1週間以内に出しましょう。

第5章　出張のコーディネート

（4）出張の随行

　上司の出張に秘書が随行することがあります。現地に上司をサポートする人がおらず、出張をするのに不都合がある場合、秘書が随行して全面的に補佐をします。出張中の秘書は、交通機関の時間管理や食事、本社や関係先との連絡、現地でもらう資料や持参する資料の管理、記録等を任務として随行します。

確認ポイント！

■移動中の心得
・座席クラス

・移動中の食事

・天候による時間の遅れ

■随行時の荷物

■出張先での心得

1）移動中の心得

　出張随行の時、秘書は上司とともに動きますが、交通機関の座席クラスについては、たとえば上司はファーストクラスを取ったとしても、秘書はエコノミークラスで移動するなど、上司と秘書とでは役職が違いますので、それぞれふさわしい座席クラスを選択します。支払われる旅費も上司と秘書とでは異なりますので、秘書はその範囲内の座席クラスを予約することになります。しかし、どうしても移動中に打ち合わせが必要であるなど、特別な事情がある場合は隣の席を取ることもありますので状況を見て判断しましょう。また、新幹線や列車に乗る場合は、上司はグリーン車を利用しますが一般的に秘書は普通車指定席にします。

　また、新幹線で出張に行く場合、たとえば10時発、14時着など昼食時間が移動にかかる場合は、発車前に昼食、新聞、雑誌などを買い上司に渡すなど気配りを発揮しましょう。

　さらに悪天候によって航空機の出発が遅れ、到着が遅くなるなど、予定の変更が生じた場合は、到着時間の遅れを現地の関係者や会社の秘書課に連絡を入れておきます。

2）随行時の荷物

　上司の荷物を持つことも考えられますので、なるべく身軽に荷物は最小限に抑えましょう。秘書は、常に身だしなみに注意することはあたり前のことですが、随行する場合の役割を考えると、替えのスーツや靴などを何種類も持ち荷物がたくさんになってしまったなどというようなことはしないようにしましょう。

3）出張先での心得

　空港に迎えの人が来てくれた場合、降り立ってまず上司が迎えの人に挨拶をして、その後に秘書が挨拶をします。出張

確認ポイント！

先で現地視察に秘書が同行する場合も、秘書はなるべく上司や案内をしてくれる人の前に位置しないように歩くことにします。出張先で上司とともに会食に招かれる場合も、職務としての心得が大切です。秘書という立場を考えて同席しますが、遠慮しすぎて会話がないなどということも失礼にあたります。節度をわきまえながら雰囲気を和ませる気づかいが求められます。

また、こまごました旅行中の支払いは秘書が行います。小銭の用意など、先を考えて準備をしておくことが必要です。

3．海外出張の手配

　経済のグローバル化に伴い、企業の大小にかかわらず海外での企業活動も盛んになってきています。海外視察や事業提携にかかわる海外企業との交渉など、今では珍しいことではなくなり、そのため上司が海外に出張する機会は以前より多くなっていると推察できます。海外出張は、国の情勢・言語・通貨・習慣等が異なり、パスポートやビザ（査証）など国内出張では必要とされないものが求められますので、早めの周到な準備が必要となります。

イギリスへの出張準備をしよう

　現在ヨーロッパでは日本食ブームが起こり、特にイギリスでは和食レストランがたくさんできて人気を呼んでいます。そこで、当社の「黒プーアール茶」を輸出する可能性があるかをＡＢＣ社に交渉に行くため、木村専務がイギリスに出張することになりました。ＡＢＣ社ブラウン社長との面談を予定しています。海外への渡航手続きは以前より簡略化されていますが、国内出張にはない手続きもあります。今回は以下のような予定で出張します。

出張先：イギリス　ロンドン
目　的：① 黒プーアール茶の輸出交渉のため、ＡＢＣ社ブラウン社長と面談
　　　　② 和食レストランの出店状況を視察
　　　　③ ロンドン札幌商事草薙（くさなぎ）氏訪問
日　程：１０月２１日（月）～２６日（土）（５泊６日）

問題　どのような準備が必要でしょうか。考えられることを書いてみましょう。

(1) 海外出張計画と手配

確認ポイント！

■旅程表

・時差と長時間フライト

1）旅程表

　海外出張の旅程は時差や移動時間の長さなどを考慮し、国内出張に比べ余裕をもって計画するように注意します。特に長時間のフライトは、到着時間が大幅に変更になる場合もあるので、到着後すぐの予定は避けた方がよいでしょう。旅程表は国内出張旅程表と同様に作成します。現地支社、営業所などがある場合は電話番号、住所を記載しておきます。また、海外へ行く場合は時差がありますので考慮して旅程を組みましょう。また、欧米では多くの国がサマータイム制を導入していますので、サマータイムの期間も調べて対応しましょう。

図表5-4　時差表（サマータイム時間は別）

国名	都市	時差
イギリス	ロンドン	－9時間
フランス	パリ	－8時間
オーストラリア	シドニー	＋1時間
カナダ	バンクーバー	－17時間
アメリカ	ニューヨーク	－14時間

■パスポート

・申請、切り替えは早めに確認

2）パスポート（旅券）

　パスポートとは、世界で通用する「身分証明書」です。日本国内においては他国へ旅行する時の出入国審査、ビザ（査証）申請時に必要となります。また海外では、国際線の搭乗、ホテルのチェックイン、トラベラーズチェック（旅行用小切手）の使用時、また現地で呈示を求められた時に必要ですので常に携帯しなければなりません。日本国内でパスポートを持ち歩くことはほとんどありませんが、海外にいる時は自分が何者であるかを証明する唯一の手段がパスポートになりますので、ホテル近隣へのショッピングであっても常に携帯しなければなりません。海外に滞在する際、パスポートは命の次に大切なものと言っても過言ではないのです。

・有効期限の残余期間

　パスポートは5年間有効、10年間有効の2種類がありますが、国により有効期限の残余期間によっては渡航ができない場合がありますので早めに確認をしておきましょう。2006年3月よりIC旅券になりました。表紙にIC世界共通

のマークがついています。
(出典：外務省ホームページ http://www.mofa.go.jp/mofaj/toko/passport/pass_1.html)

■ビザ(査証)
・入国時に査証が必要な国がある

3）ビザ（査証）

ビザ（visa）とは査証のことで、入国させて支障のない者であると認定して与える入国推薦書です。現在では多くの国が、短期間の観光等で入国する場合ビザは必要ありませんが、ロシア、ブラジル、インドなど、国によっては短期間でもビザが必要な場合があります。発行に時間がかかる場合もありますので、早めに訪問国の在日公館（大使館、総領事館）に確認し、申請をしましょう。

図表5-5　ビザの要・不要とパスポートの残存有効期限

国・地域名	査証要否	旅券残存有効期限
アメリカ	不要	帰国時まで有効なもの。ただし、入国時90日以上が望ましい
イギリス	不要	帰国時まで有効なもの
イタリア	不要	入国時90日以上必要
フランス	不要	出国時3カ月以上必要
ドイツ	不要	出国時3カ月以上必要
インド	必要	査証申請時6カ月以上必要

注：2009年現在のデータ
出典：http://www.nta.co.jp/kaigai/ryoken.htm

■航空券の手配
・上司に適した座席クラスの選択

4）航空券の手配

国内出張と同様に、現在では旅行代理店を通さなくても、航空会社のホームページで瞬時に空席を確認、予約確定、座席予約ができますが、現地事情がわからない場合は旅行代理店を通して手配をした方が無難です。

また、座席予約の際は、座席のクラスを指定します。海外便も国内同様ファーストクラス、ビジネスクラス、エコノミークラスに区分けされますが、最近では上級エコノミー席（プレミアムエコノミー）を設けている航空会社もあります。長時間のフライトは疲れますので上司と相談をしながら予約をしましょう。加えて、国内での交通機関、出張先国の国内交通機関の手配も同時に行います。

確認ポイント！	
■宿泊手配 ・星の数でホテルの評価をチェック 　◎5つ星ホテル	

5）宿泊手配

　ホテルの予約は5つ星、4つ星などで評価を確認して旅行代理店やインターネットで予約を入れます。この時、宿泊日数と宿泊者数、部屋のタイプをはっきりと伝えて確認をとります。海外の場合、旅行代理店と取引のないホテルの予約はできないこともありますので、他の旅行代理店を利用するか、あるいは秘書が直接予約を入れます。

■外貨の購入・クレジットカード
・トラベラーズチェック、現金、クレジットカードを準備

6）外貨の購入・クレジットカード

　外貨は、米ドル、ユーロ、カナダドル、イギリスポンドなど、国によって使用する通貨が異なりますが、出張時はこれらの現金とトラベラーズチェック（T/C）と呼ばれる旅行用小切手の両方を用意すると安全です。トラベラーズチェックは、外貨に両替するよりも有利な交換レートで入手でき、サインを必要としますので安全であり、紛失した場合は再発行ができます。

　外貨、トラベラーズチェックは銀行、あるいは外貨交換プラザ等で交換しておきます。為替レートは毎日変動しますので、交換どきを見ながら準備します。また、クレジットカードはホテルのチェックイン時に料金支払いの保証として呈示を求められることもあり、海外旅行の場合必携品となっています。

■海外旅行傷害保険
・病気、交通事故等に備える

7）海外旅行傷害保険

　海外での医療費は日本とは事情が異なり、かなり高額の支払いが予想されます。万が一のことを考え海外旅行傷害保険に加入しておくことが必要です。最近はカードに付帯しているものが多くなっていますので、加入の必要がない場合もありますが、内容によっては保障されないものもありますので確認をしましょう。

■出張先の情報
・傘、上着も準備

8）出張先の情報

　インターネットなどで出張先の気温を確認して衣服類の準備を進めます。特に、寒暖の温度調節ができる衣服（マフラーやコートなど）の準備をしましょう。また、国によっては国内騒動、天災等で国情が不安定な場合もありますので秘書は事前に情報を取り上司に提供します。

第5章　出張のコーディネート

■資料・携行品
・チェックリストで確認

9）資料・携行品

　必要な資料、常備薬、身の回り品はリストアップして準備を進めておきましょう。チェックリストに入れるものは次のようなものがあります。

　　出張スケジュール表、パスポート、ビザ（必要な場合）、外貨、クレジットカード、トラベラーズチェック、旅行保険証書、電源アダプター、着替え、搭乗券、切符、ホテルクーポン券、出張旅費、会議資料、地図、住所録、名刺予備、お土産、筆記用具など。

■旅費・精算
・旅先での領収書をもとに精算

10）旅費・精算

　旅費は国内と同様に会社の規程に沿って計算し、事前に旅費請求をして出発前に手渡しできるようにしておきます。また、旅先で支払った領収書を持ち帰ってもらい、帰国後精算をします。

　その国の消費税などは購入時に支払っても、帰国時空港で返金される場合がありますので、支払い時に証明をもらうことを忘れないようにします。このようなことは、出発の前に調べて上司に情報提供をしましょう。

コラム

出張におけるネット活用

　インターネットで航空券や宿泊の予約をし、空港へ移動する車の中から携帯電話でWebチェックイン、そして空港でセキュリティ・チェックの時に航空会社のカードをかざすだけで搭乗、支払はカード決済と、最近の出張はチケットレス、キャッシュレスで移動が可能となっています。さらに、外出や出張にモバイルパソコンを持ち歩くビジネスマンも増えてきました。

　秘書との連絡はもちろん、海外出張先のフランスで書いた原稿や、ハワイで撮影した写真をメールで日本に送信、数秒後に受信し、それをもとに会社では最新の資料を作成するなど、出張中に仕事を処理しながら移動することができるようになりました。かつて遠い未来と思っていたことがすでに実現しているのです。

（2）海外出張先への連絡

確認ポイント！

■先方への訪問依頼
・電子メール、手紙、電話でアポイントメント

1）先方への訪問依頼

　海外出張の目的をはたすために、出張先へのアポイントメントの申し込み、会議、セミナー等への参加申し込み、視察先への依頼メール、依頼文書などを書く必要が出てきます。木村専務がイギリスへ出張することになりましたが、航空券等の手配の前にまず主目的であるABC社のブラウン社長との商談の準備が必要です。まず依頼メール、あるいは手紙、電話で依頼をして、相手からの返事を待ちます。この依頼が承諾されてはじめて出張の手配に入ります。図表5-6はブラウン氏から届いた英文メールです。忙しい上司のため、秘書が和訳をする場合もあります。

■日程調整
・日程変更

・訪問・視察など複数の用件の調整

2）日程調整

　主要訪問先以外にも視察や会議を予定することもあります。p.93の事例では、和食レストランの出店状況を視察するということなので、どこのレストランを視察するのか候補を挙げ、現地へ依頼します。さらに取引先ロンドン札幌商事の草薙氏には、せっかくなので是非面会をしたいと専務が考えています。全部で3件の訪問・視察依頼について先方の承諾を得た段階で出張スケジュールの大枠をつくります。また、時間変更などが生じた場合、先方になるべく早く伝え日程調整をします。

図表5-6　先方からの英文メール

Subject: Pu'ercha (Black)

Dear Mr. Kimura

Thank you for your e-mail.
As previously informed, we are interested in your new products. We should be pleased to receive your condition of terms for importing them.
We would appreciate it if you would send us your estimate for them as soon as possible. We will start making market research before your visit.
Thank you for your quick reply.

Sincerely yours.
Robert Brawn
President

（3）海外出張中の業務

確認ポイント！

■定時連絡
・時差を考え連絡

■留守中の業務
・急ぐ決済は代行責任者が執り行う

1）定時連絡

　海外出張は国内出張とは異なり、時差が伴いますので定時連絡は行わない場合もあります。たとえば、ロンドンへの出張の場合、時差が－9時間ですので、ロンドンの朝9時は日本時間の夕刻18時です。この時間ですとロンドン滞在中の木村専務に連絡がとれますが、カナダのバンクーバーへ出張の時は、時差が－17時間ですので、日本時間が18時ですとバンクーバーは真夜中の1時になり連絡には不適切な時間帯です。出張する国や状況に合わせて連絡をとることになります。

2）留守中の業務

　国内出張同様、留守中の電話・来客・手紙・電子メール等は、報告しやすいようリストアップするなどまとめておきます。特に、海外出張は長期間になることが多いですので、あらかじめ上司と相談して、急ぐものは決裁代行責任者に処理をしてもらいます。

（4）海外出張に関する危機管理

確認ポイント！

■感染症
・インフルエンザ、狂犬病

■出張先での事件事故

1）感染症

　海外への出張では、鳥インフルエンザや新型インフルエンザ、狂犬病等の感染症に気をつけなければなりません。特にこれらの感染症は感染により死に至る場合もありますので、渡航前には外務省海外安全ホームページ（http://www.pubanzen.mofa.go.jp/）で確認しましょう。また、帰国後の発熱などは要注意です。

2）出張先での事件・事故

　海外で地震・津波、暴動・テロ事件などが発生して、残念なことにそれに巻き込まれることが起こっています。渡航情報を早めに入手し、場合によっては渡航を控えることも考えます。万が一災害に巻き込まれた場合には、福山課長など直属の上司と相談をしながら状況を把握し、それによって予定の調整を行います。特に海外渡航は、危機管理意識をしっかり持って、不測の事態に備えることが求められます。

■ 演習問題

(a) 出張スケジュール表作成

　p.82の事例問題で作成した木村専務の札幌出張のアウトラインをもとに、以下の条件と交通機関の時刻表を参考にしながら、次ページの出張スケジュール表を作成しましょう。

　★ポイント：　出張中このスケジュール表1枚ですべてが進むように作成します。

　移動交通手段：（送迎）社用車、列車、タクシーなどすべての流れを入れてみましょう。

- 自宅から羽田空港までは40分かかります。
- 千歳空港⇔札幌間は札幌支店の社用車で送迎します。所要時間60分。
- 札幌支社は札幌駅タワービル内にオフィスがあります（札幌駅直結徒歩1分）。
- 販促会議は札幌支社で行います。
- 札幌飲料株式会社山田一樹社長との会食会場は、札幌駅タワービル35階の二条亭です（中央区北4西2　Tel：011-221-××××）
- 札幌パシフィックホテルは札幌駅タワービル、および札幌駅から徒歩5分のところにあります。
- 旭川到着後、旭川営業所長と昼食をとる予定です（駅ビル内のレストランにて）。その後新規契約のため旭川道王清涼飲料組合を訪問します。
- 旭川道王清涼飲料組合（旭川駅前徒歩1分）との新規契約は25日(水)13時からで1時間ほどで終了予定です。
- 旭山動物園は旭川駅から車で40分のところにあります。
- 26日(木)10時～11時までライラック生協札幌本部水田理事長（札幌パシフィックホテルより車で10分）を訪問します。
- 26日(木)の移動はすべて札幌支社の社用車を利用することになっています。

■航空時刻表（東京―札幌）

往路（東京―札幌）	復路（札幌―東京）	運　賃
TAL513　09:00 － 10:30 TAL515　09:50 － 11:20 TAL517　10:15 － 11:45 TAL521　11:00 － 12:30 TAL523　12:00 － 13:30	TAL514　12:45 － 14:15 TAL516　13:00 － 14:30 TAL520　13:55 － 15:25 TAL522　15:00 － 16:30 TAL598　15:30 － 17:00	普通片道運賃 ￥33,600 往復割引運賃 ￥30,800(片道分)

■JR北海道時刻表（札幌―旭川）

札幌―旭川	発時刻 着時刻	旭川―札幌	発時刻 着時刻	備　考
特急コロポックル1号 特急コロポックル3号 特急スーパーコタン3号 特急コロポックル5号 特急流氷1号	07:40 － 09:16 08:00 － 09:20 08:30 － 09:51 10:00 － 11:20 11:00 － 12:20	特急コロポックル8号 特急スーパーコタン2号 特急コロポックル10号 特急流氷2号 特急コロポックル12号	15:00 － 16:20 15:30 － 16:50 16:00 － 17:20 17:00 － 18:20 17:30 － 18:50	所要時間 1時間37分 特急乗車合計 金額 片道4,880円

■宿泊ホテル情報

札幌パシフィックホテル　1泊朝食付、2連泊
　060-0001　札幌市中央区北7条西3丁目　TEL（代表）：011-220-XXXX

第5章　出張のコーディネート

■ 木村専務出張スケジュール表（出張先：　　　　　　　　）
　　　　　　　　　　　　期間：　　月　　日（　）～　　月　　日（　）

月　日	時　間	交通機関	予　定	備　考

Memo

(b) 出張中の業務

　山一商事の斉藤さんという知らない人から電話が入り、「至急木村専務に連絡を取りたい。携帯電話の番号を教えて欲しい」と言われました。秘書Aさんはどのように対応すべきか応対の言葉を書いてください。

(c) 帰社後の上司と秘書のやりとりフロー

　　p.90の帰社後の上司と秘書のやりとりを、ロールプレイしてみましょう。
　　ロールプレイ①　次の報告書に優先順位をつけ、報告書を見せながら留守中の報告をしてみましょう。さらに、上司からの以下の指示を処理欄に書いてください。
　　■上司の指示
　　・社長　　　　　　　　　　⇒　10分後に伺う
　　・北海商事の嶋専務　　　　⇒　30日13時
　　・総務の矢野課長　　　　　⇒　本日13時
　　・NP新聞社社会部の斎藤氏　⇒　30日16時

優先順位	日　時	会社・指名	用　件	処　理
	9月24日 11：00	北海商事 嶋専務	新しい商談の件で出張から戻ったら会いたい、という電話がありました。	
	9月24日 14：00	総務の矢野課長	社員の健康診断の件で打ち合わせをしたい、出張から戻り次第30分時間が欲しいとのことでした。	
	9月24日 15：00	坂下（木村専務の大学時代の友人）	こちらに来たついでに寄ったということでした。	
	9月25日 10：00	NP新聞社社会部の斎藤記者	取材依頼の電話がありました。内容は「飲料業界の未来予測」という特集を組みたいので1時間の取材をお願いしたいということでした。できれば9月中に伺いたい、とのことです。	
	9月26日 13：00	星野社長	新製品販促の手応えを報告するように連絡が入りました。	
	9月26日 16：00	東洋商事の塚田専務	Rクラブの件、「急ぎではないのでまた連絡します」とのことでした。	

　　ロールプレイ②　上司の指示を復唱してみましょう。
　　ロールプレイ③　上司へ結果を報告してみましょう。

第5章 出張のコーディネート

(d) 木村専務がお世話になった札幌飲料株式会社山田社長にお礼状を書いてほしいと言われました。夕食を御馳走になりましたので、そのことと今後の取引の件でよろしくお願いするという内容を簡単な文面にして書いてください。

(e) これまでの情報を活用して、今回の出張にかかる旅費の精算をしてください。この出張は旅費請求をせず仮払金を受け取り出発しましたので、出張後にすべての精算をします。

出張旅費精算書

提出日：　　年　　月　　日

社員コード	所属部署	氏名	出張区間	期間
001			⇔　　⇔	月　日～　月　日 （　）日間

月/日	項　目	交通費	交際費	その他	合　計
9/24					
9/25					
6/26					
	小　計	①	②	③	④（①～③）

	日数			泊数		A 仮払金	
日当	単価		宿泊費	単価		B 旅費合計 （④+⑤+⑥=⑦）	⑦
	金額	⑤		金額	⑥	C 差引過不足額 （A-B）	

■資料　○ 役員日当　　1日 15,000円
　　　　○ 役員宿泊費　1泊 20,000円
　　　　○ ライラック生協へ手土産　お菓子　3,000円（上司が羽田空港で購入）
　　　　○ 仮払い金 150,000円

(f) 海外出張の手配

　p.93で木村専務はイギリスに出張で行くことになりました。出発便を手配しましょう。専務がビジネスの商談で行く出張です。座席はどのクラスがよいでしょうか。

(g) イギリスとの時差を計算して出張先への到着時間、および現地出発の日本時間を出しましょう。

　　　（往路）到着の日本時間

　　　　　　　＿＿月＿＿日（　）午前＿＿時＿＿分

　　　（復路）出発の日本時間

　　　　　　　＿＿月＿＿日（　）午前＿＿時＿＿分

　　　フライト時間
　　　● 往路　JL401　成田 12：00 発　ヒースロー　16：35 着（現地時間）
　　　　　　所要時間 12 時間 35 分
　　　● 復路　JL402 ヒースロー（24日）19：00 発　成田（25日）14：45 着
　　　　　　所要時間 11 時間 45 分

(h) 外貨を準備しましょう。

　外貨現金 500 ポンド、トラベラーズチェックで 1000 ポンド用意してください。日本円でいくら必要でしょうか。今日の為替レートを調べて算出してください。

　　　　外貨現金、日本円で　　＿＿＿＿＿＿＿＿＿＿円
　　　　トラベラーズ、日本円で　＿＿＿＿＿＿＿＿＿＿円
　　　　※トラベラーズチェックと外貨現金では交換レートが異なります。

(i) インターネットを利用しロンドンの気候を調べ、適した服装を書いてみましょう。

　　　　気温＿＿＿＿℃　　　湿度＿＿＿＿＿％

　　　　適した服装：
　　　　＿＿＿＿＿＿＿＿＿＿＿＿＿＿＿＿＿＿＿＿＿＿＿＿＿＿＿＿＿＿
　　　　＿＿＿＿＿＿＿＿＿＿＿＿＿＿＿＿＿＿＿＿＿＿＿＿＿＿＿＿＿＿

(j) p.98 図表5－6の先方からの英文メールを和訳しましょう。

第6章　会議のコーディネート
～段取り上手になろう！～

> **学習のねらい**
>
> 　会社や組織では、株主総会や役員会から部長会、日常のミーティングまで大小さまざまな会議が開かれ、日々、問題解決のために討議・意思決定がなされています。
> 　また、上司は社内だけではなく、業界団体などの社外の組織の会議に出席することもあり、メンバーを招集して会議を主催する役割を務めることもあります。
> 　会議の目的や出席者の顔ぶれなどを考慮してふさわしい会場を選定するなど、綿密な手配と準備を行い、会議をスムーズに運営できるようにサポートすることが秘書には求められます。
> 　この章では、会議が決まった時点から会議の事後処理までを段取りよく進める、秘書の「会議コーディネート力」を学びます。

1．会議の準備に必要なこと

(1) 社内会議の準備に必要なこと

　会社では、2、3人のミーティングから、数十名参加の会議まで、日々大小の会議や会合が開かれています。上司がメンバーとして参加する会議と、上司が主催者となる会議とでは、秘書の準備業務に違いがありますが、ここではまず、会議の流れについて秘書課内のミーティングを例にとって考えてみましょう。

> **秘書課ミーティングの準備**
> 9月20日(金) 16時20分
> 　秘書課では、毎週金曜日の午後3時から4時まで秘書課ミーティングが行われています。前回から会議のメモ(議事録)をAさんがとるようになりました。今日も今その会議が終わったところです。先輩秘書の山本さんから、「あなたもだいぶ慣れてきたようだから、会議のメモだけでなく、来週のミーティングから準備もお願いね」と頼まれました。さあ、何から始めたらよいのでしょう。

問題　毎週開かれている秘書課ミーティングの準備として、するべき事柄や考えられる業務を書き出してみましょう。

（2）会議準備の流れ

準備項目として、どのようなことが挙げられましたか？

会議の目的・日時や場所を知らせる開催通知、会場の予約、会議資料の作成などが挙げられたでしょうか。会社のように複数のメンバーで仕事を進めるような組織では、伝達のためや意識の共有化を図るために、頻繁に会議・会合・ミーティングが行われています。

秘書として、上司がかかわる会議の運営のためにも同様の準備が必要となります。全体の流れを理解しましょう。

図表6－1　会議の流れ

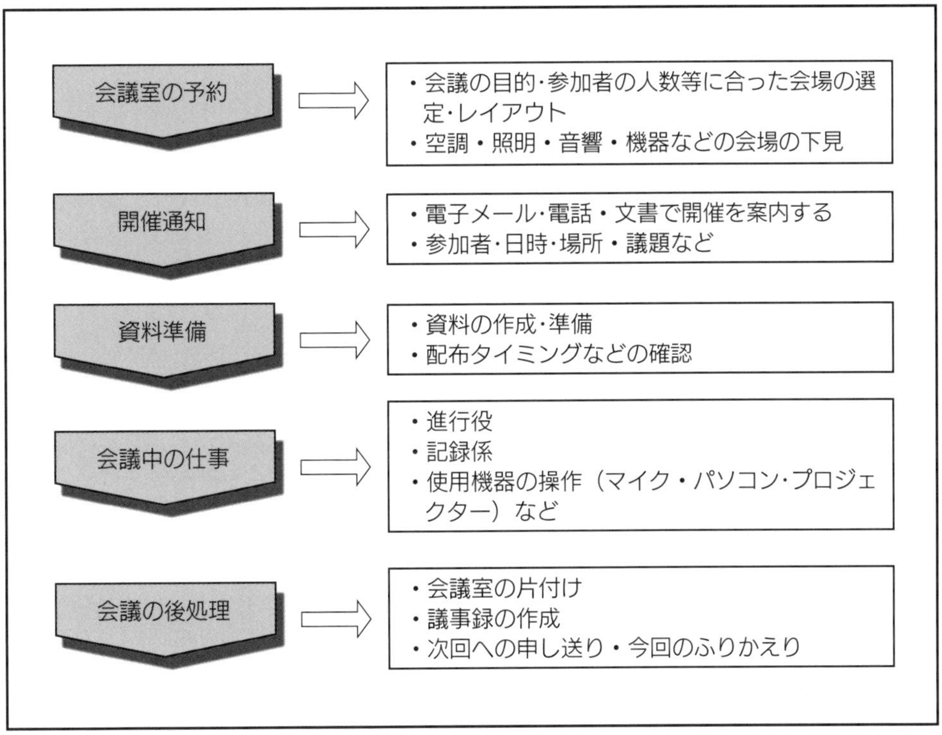

会議室の予約	・会議の目的・参加者の人数等に合った会場の選定・レイアウト ・空調・照明・音響・機器などの会場の下見
開催通知	・電子メール・電話・文書で開催を案内する ・参加者・日時・場所・議題など
資料準備	・資料の作成・準備 ・配布タイミングなどの確認
会議中の仕事	・進行役 ・記録係 ・使用機器の操作（マイク・パソコン・プロジェクター）など
会議の後処理	・会議室の片付け ・議事録の作成 ・次回への申し送り・今回のふりかえり

（3）会議と秘書の仕事

上司が関係する会議に関する業務を行う場合、大きく分けて、上司が主催する会議と、上司がメンバーとして出席する会議があります。どちらにしても、秘書はその会議について、次の点を理解しておく必要があります。

① 何の会議か、あるいはその目的
② 開催日時・会場
③ 上司が主催するのか、メンバーとして出席するのか、またはオブザーバーとして出席するのか
④ 社内の会議か、社外の会議か

⑤ 定例会議か、臨時会議か
　⑥ 出席者はだれか

1）上司が主催する会議

　上司が主催する会議の場合は、秘書は会議を開くまでの準備、開催中の諸業務、その後始末までをします。この場合については、本章第2節以下で詳しく説明します。

2）上司がメンバーとして出席する会議

　上司がメンバーとして出席する会議の場合は、秘書は上司が会議に出席するための準備を手伝います。会議主催者は、会議日程を確保するために、上司のスケジュールを秘書に確認してくることがあるので、スケジュールの把握・調整を綿密に行いましょう。また次の点に注意して、準備を進めます。
　① 会議の開催通知を受け取ったら、予定表で上司の日程を調べ、上司と打ち合わせる。
　② 会議の主催者である事務局へ出欠を連絡する。
　③ 用意すべき資料類を整える。
　④ はじめての会議の時は、会議の性格・メンバーなどを調べ上司へ報告する。
　⑤ 会議について参考になる情報を事前に上司に伝える。
　⑥ 場所を確認し、わかりにくい時は地図を上司または運転手に渡す。
　⑦ 当日は、開始時刻に間に合うように車を手配し、上司にも連絡する。

　上司が出席する会議や会合でプレゼンテーションを行う場合などもあります。その場合には秘書が資料の作成準備をします。プレゼンテーション資料の準備をして、上司に確認してもらいます。配布資料は通常、データを電子メールで会議・会合の開催事務局に送って、印刷してもらいます。

　プレゼンテーションの準備をする際には、会合の目的や聴衆・講演時間などの制約事項を確認し、それに合わせた資料作りに注意します。プレゼンテーションをする場所についての詳しい情報（会場の広さ・プロジェクターの位置・講演者の立ち位置・PCの操作位置など）を事前に確認し、上司へ事前に伝えておきます。

2．会議の準備業務

(1) 会場手配とレイアウト

ビジネスにおけるＩＴ化とグローバル化によって、会議の形態や準備の方法は変化しています。たとえば、ＴＶ会議や電話会議のように、メンバー全員が同じ場所に集まらずに進行する形態も見られるようになってきました。しかし、どのような会議でも事前準備を十分にしておかないと、効果的な会議の進行はできません。ここでは最も基本的な準備業務である会場手配、開催通知、資料・機器類の準備の順にポイントを考えていきましょう。

> **月例役員会の準備**
>
> ９月30日(月) ８時50分
>
> 今日は月例役員会が行われる日です。会議当日の朝、Ａさんは城島取締役が急に出席するという連絡が入ったことを聞きました。前日に確認した時は欠席となっていたため、前日にセッティングした座席では城島取締役の席がありません。通常は会議準備の段階で出席人数を確認し、その人数分の席と資料を用意し、役員のネームプレートをテーブルの上においています。

問題　会議が始まるのは10時です。
Ａさんは、何から準備を始めればよいでしょうか。

ホシノ・ビバレッジの月例役員会は役員会議室で行われています。年度の初めに年間スケジュールが発表されたら、すべての会議日程の会議室予約を滞りなく手配しておきます。また役員会議室のレイアウトに合わせて席順も確認しておきましょう。ホシノ・ビバレッジでは、図表6-2のような席順になっています。会議室の上座から下座への順が決められているので、欠席者が出た場合には欠席者の席は空席にせず、次の職位の人が座るようにセッティングします。

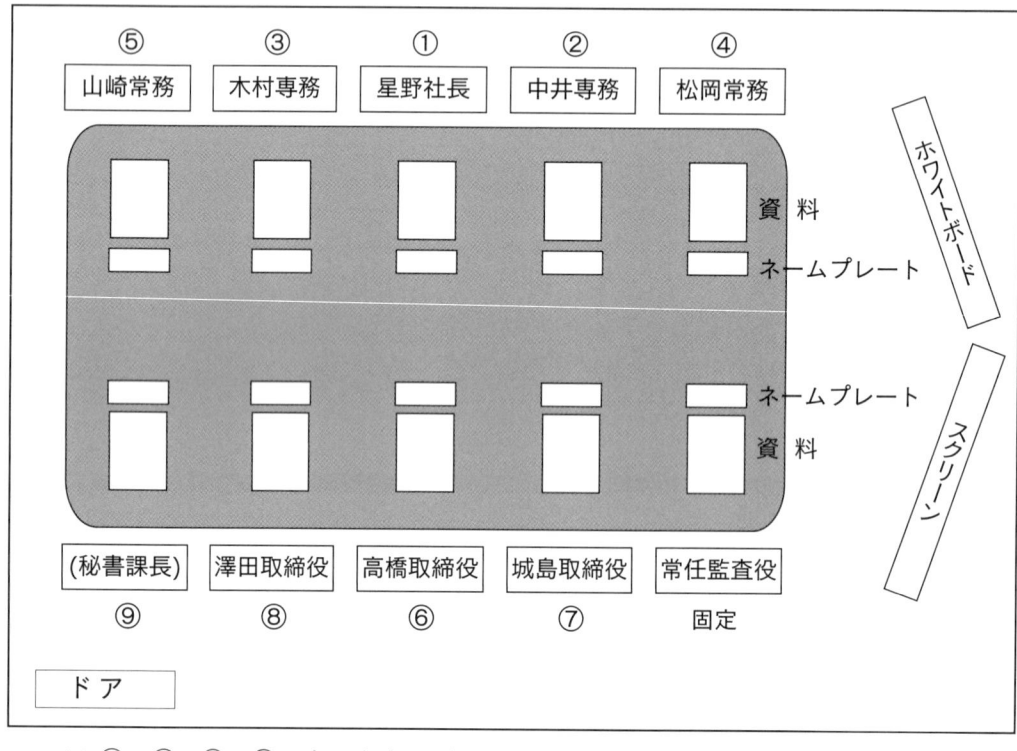

図表6-2　会議室レイアウト

上座側（奥）左から：⑤山崎常務　③木村専務　①星野社長　②中井専務　④松岡常務
右側：ホワイトボード／スクリーン
資料・ネームプレート
下座側（手前）左から：(秘書課長)⑨　澤田取締役⑧　高橋取締役⑥　城島取締役⑦　常任監査役（固定）
ドア

※ ①～⑤、⑥～⑨の中で上座・下座の順が決まる（常任監査役は固定席）
≪中央が1番、2番はドアから遠い方、3番はその逆≫

月例役員会の準備の手順を確認しておきましょう。

図表6-3　月例役員会準備の手順

2週間前	資料作成の進捗状況を担当者に確認する。
1週間前	資料原稿を収集し、印刷・丁合をして準備をする。前日までに資料の準備をできるように予定を組む。
前日	会議室のセッティング（資料・名札など）を行う。
当日	当日の変更に対応する。
翌日	月例役員会終了後、速やかに議事録を作成し、上司に確認してもらった後に、役員へ配布する。

第6章　会議のコーディネート

確認ポイント！

■会場手配

■会場の設営

・ロの字型
・コの字型
・議事式(教室式)
・シンポジウム
・パネルディスカッション

1) 会場手配

　会議を準備する際には、会議の種類と目的を確認し、会議を開催する会場を手配します。社内の場合には、会議室の予約が必要になります。社外の会場を利用する場合は、条件に合わせて適切な会場を手配します。会場は人数と目的に合っているか、マイク・空調・スクリーン・採光・騒音などの設備・環境に問題はないか、喫煙場所はあるか、などをチェックします。

2) 会場レイアウト

　会場の設営は、会議の目的によって図表6-4のような形式があります。役員会・取締役会のように参加者数が少ない場合は、円卓式やロの字型です。参加者数も多く、伝達が主な目的である会議の場合は議事式（教室式）の設営が一般的です。その他に公開会議のシンポジウムやパネルディスカッションの形式もあります。

　座席の配置は、少人数の場合はネームプレートを置いて、座席を指定します。席順は役職などを考慮して、規則性を持って配置する必要があります。

図表6-4　会場のレイアウトの種類

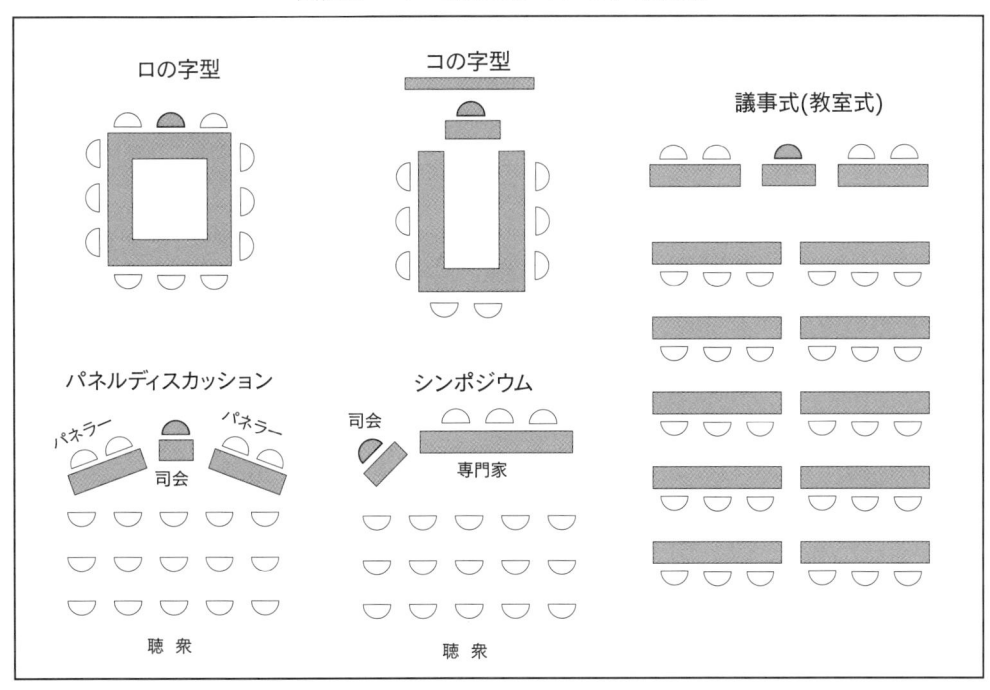

(2) 開催通知（社内・社外）

　会議名称、会議メンバー（出席者／オブザーバー）、内容（議題）等を確認の上、案内を作成します。通知文書の日時、曜日、数字、人名(漢字)は間違えないよう注意します。また、事前に目を通してもらいたい資料などは開催通知に添付します。送信は文書または電子メールで行い、出欠を返信してもらい、確認します。

　総会などの議決を要する会議では、定足数が定められていますので、欠席する時には、委任状を提出することで、議決権を行使できます。定足数は出席者と委任状を合わせたものになります。委任状は議決に関する一切の権限を特定の人に委任する方法と、議長に委任する方法があります。

1）社内会議の開催通知

図表6-5　電子メール

```
関係者各位

下記のとおり定例会議を開催します。
日時　×月×日（×）10時～11時30分
場所　　　第一会議室
テーマ　　○○における改善提案
添付ファイル　　会議資料

各自、提案シートを持参の上、出席のこと。
以上
========================
（会社名）
（部署名）
（氏名）
（メールアドレス）
（TEL）／（FAX）
========================
```

図表6-6　文書

```
　　　　　　　　　　　　　　20XX年9月×日
役員各位
　　　　　　　　　　　　　　　総務部長

　　　　　月例役員会開催(案内)

　下記により、標記の役員会を開催いたしますので、ご出席くださいますようお願いいたします。なお出席の有無を秘書課までご連絡ください。

　　　　　　　　記
1．日時　×月×日（×）10時～11時30分
2．場所　第一会議室
3．議題　○○における改善提案
　　　　　　　　　　　　　　　　以上
担当：秘書課　A
内線○○○
```

図表6-7　委任状

```
　　　　　　　委　任　状

私は、_____（住所）_____（氏名）
を、代理人と定め、下記の事項を委任します。
　　　　　　　　記
1．○○法人○○協会　第○回年次総会に出席し、議決権を代理行使すること。
　　　　　　　　　　　　　　　　　　　　　以上
　　　　　　　　　　　　　　　平成××年×月×日
　　　　　委任者　（住所）
　　　　　　　　　（氏名）_____　印
```

2）社外会議の開催通知

社外のメンバーがいる会議では、社外文書の形式に基づいて開催通知を作成します。

図表6-8　開催通知（社外）

総20XX-XX-XX
20XX年9月XX日

全国清涼飲料水協会
理事各位

全国清涼飲料水協会
会長　星野　一郎

全国清涼飲料水協会理事会開催のご案内

拝啓　時下ますますご清栄のこととお喜び申し上げます。
　さて、標記の理事会を下記のとおり開催いたしますので、ご多忙中恐縮ではございますが、ご出席賜りますようご案内申し上げます。

敬具

記

1　日時：20XX年11月×日（水）　13:00～17:00 理事会
　　　　　　　　　　　　　　　　17:00～19:30 懇親パーティー
2　場所：産業推進会館
　　　　　東京都世田谷区等々力6-39-XX　Tel.03-3704-XXXX
　　　　　（別紙の案内地図をご参照ください）
3　議題：①本年度中間報告
　　　　　②協会創立30周年記念事業行事
　　　　　③役員改選

なお、ご出席の有無を同封のハガキにより、10月末日までにお知らせくださいますようお願い申し上げます。
　同封　産業推進会館案内地図
　　　　返信ハガキ

以上
担当：株式会社ホシノ・ビバレッジ
　　　秘書課　○○○○
　　　Tel.03-1234-5678
　　　Fax.03-1234-5555
　　　E-Mail:Sec.G@hoshino-beverage.co.jp

(3) 資料・機器類の準備

確認ポイント！

■資料準備

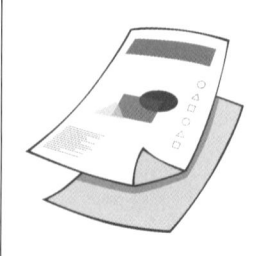

・原稿作成の注意点

■機器類

1）資料準備

　会議の配布資料には次の2種類があります。会議開催前に、参加者に配布し事前に検討しておいてもらうものと、当日配布するものです。どちらにしても、期日までに必要な資料を事前に確認し、必要人数分を印刷して手配します。最近は事前配布資料を電子メールの添付資料で、送付する場合もありますが、会議直前に大量の資料を送ることは、避けたいものです。また資料準備において、資料原稿を秘書自身が作成する場合と、原稿を入手してコピーし、セッティング（丁合）のみを行う場合があります。

　資料は会議の進行を左右する大きな要因ですから、資料作成には充分な注意を払わなくてはなりません。原稿作成の具体的な注意点としては、

　・1枚に複数のテーマを含まないようにすること
　・誤字・脱字がないよう充分に校正をすること
　・参照しやすいように通し番号を付与すること
　・見やすいレイアウトなどの工夫をすること

が挙げられます。

　また、丁合や製本は丁寧に行い、見やすくきれいな資料として準備しなければなりません。そのためには、コピーの両面印刷を利用したり、ステープラーやダブルクリップなど資料をとめる文房具も枚数にふさわしいものを利用します。

　個人情報保護法の施行により、企業などの組織は個人情報漏洩を防ぐために、個人情報の取り扱いに注意を払っています。会議の資料に個人情報を含むものは別刷りとして、会議終了後に事務局が回収する場合もあります。それ以外にも企業の機密に関する資料などを取り扱うことが多いので、その取り扱いには十分注意し、不要になった資料はペーパーシュレッダーで、書類を細断してから廃棄します。

2）機器類・小道具の準備

　必要な備品は会場に設置されているか、ない場合はどのように手配するかを確認します。社外の会場の時は、会場に前日までに持ち込んでおく場合もあります。現在ではパソコンは会議になくてはならないツールになっています。資料の説

第6章 会議のコーディネート

- パソコン
- プロジェクター
- スクリーン

- ホワイトボード（電子黒板）
- IC(ボイス)レコーダー

明時にプレゼンテーション用ソフトを使用して、画像や動画を使って説明することもあります。そのために、パソコンやプロジェクター・スクリーンの設置場所や、操作の確認をしておくことが重要です。

その他の機器としては、ホワイトボード（電子黒板）・IC（ボイス）レコーダーなどを使用することもありますので、秘書はそれらの機器の操作を理解し、動作確認をしておきます。マイクの音量などについても実際にテストを行い、複数の機器を同時に使う場合などは、事前に当日と同じ条件で、リハーサルをするとよいでしょう。

また AV 機器類ばかりでなく、準備しておくとよい小道具などのリストを作成しておくと、当日あわてなくて済みます。名札の予備や指示棒(レーザーポインター)、マグネット、セロハンテープ、乾電池、模造紙、マーカー、ガムテープ、メモ用紙などです。

コラム

テレビ会議・電話会議

会議の形態や準備の方法も、最近ではテレビ会議や電話会議という形態が珍しいものではなくなりました。国内外の支社や取引先への出張にともなうコストを削減し、業務の効率化が図れることが大きなメリットです。

テレビ会議は、2拠点またはそれ以上の拠点と対面式で会議ができるシステムです。テレビ画面に相手側の様子が映し出され、同時に小画面にこちら側の様子が映し出されます。書画カメラを使用すれば書類も映すことができます。以前は専用の機器が必要で、回線が不安定な時期もありましたが、Webを活用することにより簡便になりました。テレビ品質の動画にこだわらない限り、大きなコストをかけずに遠隔地相互でコミュニケーションが取れるようになりました。

電話会議は、相手の表情は見えませんが、テレビ会議より手軽に利用できることが利点です。支社や支店の関連部署との情報交換を定期的に行っている現場もあるようです。

このようなテレビ会議や電話会議は遠隔地をつなぐことができるので、海外との会議にもよく利用されますが、時差がありますので、会議の開催時間が問題になります。そのため、日本では、アメリカの仕事時間に合わせて早朝や深夜に開催されることもあります。日本語以外の言語で行われる場合には、通訳の手配等が必要になることもあります。

3．会議中の仕事

(1) 会議直前

> **月例役員会の資料準備**
>
> 9月30日(月) 10時20分
>
> 　月例役員会が始まりました。役員会議室から福山課長が飛び出してきて、木村専務が報告時に使用する資料が最新のものではないとのことです。Aさんが受信メールを確認すると、木村専務から「役員会議資料【訂正版】」というメールが来ていたのを見落としていることに気付きました。会議の席上で木村専務が報告する前に、なんとか間に合わせて最新の資料を人数分準備してほしいとのことです。あわてて資料を印刷し、人数分セットして、会議中の役員室に入って、配布しました。
>
> 　役員会議終了後、福山課長から「セットの仕方が雑な上に、丁合のミスもあって、役員会の進行にたいへん支障が出た」ことを知らされました。

問題　今後このようなミスを起こさないために、Aさんはどのような点に注意して準備を進めたらよいでしょうか。

　万全の準備をしたつもりでいたAさんですが、直前に変更のあった会議資料の差し替えを見落としてしまいました。このようなミスをしないためには、先輩や上司に報告をした際に、確認を取ることなど、ちょっとしたコミュニケーションをこまめに取ることが考えられます。その都度どうすればよかったのか前向きな姿勢で、改善するための方策を考えることが大切です。

　また、ミスをしてしまったことで、あわててしまい、修正版の資料印刷という次の仕事が雑になってしまいました。こういう時こそ一つ一つの仕事を確認しながら、丁寧に行うことが必要です。

第6章　会議のコーディネート

（2）受付・会議中の接待など

確認ポイント！

■受付

■会場の管理

■PCなどの機器類の操作

■飲み物の接待

■会議中の電話・連絡

■記録

1）受付

出席者リストをもとに出欠を確認します。社外の方の参加する会議であれば受付で荷物やコートをお預かりしたり、配布資料を渡したりします。お預かりしたものは、責任を持って保管します。会議開始時間が迫っても現れない出席予定者がいる場合には、電話などで状況を確認し、その結果を主催者である上司に報告します。その報告によって、時間どおり始めるか、少し開始を遅らせるかなどの判断をすることになります。

2）会場の管理

冷暖房の調整や、換気・騒音には十分注意し、参加者の様子を見て、温度調節などをこまめに行います。

3）PCなどの機器類の操作

パソコン・プロジェクターなどの操作を会議の進行に合わせて秘書が行う場合もありますので、会議の進行に気配りしていることが必要です。

4）飲み物などの接待

会議中の飲み物や食事などについては、時間と回数をあらかじめ打ち合わせておきます。飲み物を会場の後方に設置しておく方法もありますが、長時間の会議の場合には、飲み物の種類を変えたり、受付時にあらかじめ希望を聞いておくこともあります。

食事を出す場合には、会議の進行状況によっては食事を出すタイミングが変わることもありますので、秘書は進行を見ながらタイミングよく出せるようころあいを見計らって、上司に確認します。

5）会議中の電話・連絡

上司と事前に打ち合わせて、電話・緊急連絡の取り扱いを決めて起きます。緊急度や重要度によって判断することが必要です。

6）記録

上司の指示があれば、秘書が会議の記録をとることもあります。録音する場合は、ICレコーダーなどの録音機の操作テストを事前に行い、セットミスなどのないようにしなければなりません。

4．会議の後処理

確認ポイント！
(1) 参加者への対応
(2) 会場の片付け
(3) 議事録の作成
・略式
・公式

（1）参加者への対応

　会議終了後、参加者へ預かった持ち物の返却を行ったり、車でお帰りになる方に車の手配をします。会議中に受けた伝言などをこの時点でお伝えする場合もあります。

（2）会場の片付け

　資料や備品の後片づけをし、忘れ物などが残っていないかを確認します。机などの位置を変更した場合は、レイアウトを元に戻します。空調を切り、飲み物などの片付け、戸締まりなども忘れずにします。

　会議終了を会場管理者へ連絡し、必要があれば経費の精算をして、終了となります。

（3）議事録の作成

　議事録はなるべく早くまとめ、上司に確認してもらってから、参加者および関係部署へ送付します。決まった書式にしたがって、必要事項を簡潔にまとめ、ビジネス文書のルールに沿って作成します。

　それをファイルして管理し、いつでも参考にすることができるようにすることも重要です。秘書は上司から過去の会議の議事録や資料を、検索するよう求められることがよくあります。

　また、欠席者への資料・議事録の配布も忘れないように行います。

＜**略式**＞社内での会議の場合は、メモをもとに、略式の議事録を作成します。議事録に記載すべき要項は、会議名、開催日時、議事録作成日、場所、主催者名、議長名（または司会者名）、参加者名、議題、議事、決定事項（または結論）などです。

＜**公式**＞株主総会や取締役会などの議事録は商法で作成が義務付けられています。議事内容はどういう手順で誰が議長に選出されたか、誰を議事録署名人にしたか、どんな議案で誰が発言し、どう採択されたかを簡潔にまとめます（図表6-9参照）。

図表6-9　会議議事録

```
                  ○○会議議事録
 1．年月日
 2．会場所在地
 3．会員総数
       出席者数：
       委任状出席者数：
       出席者合計
 4．議案
       第1号議案
       第2号議案
 5．議長名：
 6．議事
     （内容）_____
           _____
           _____
       年     月     日


                              議事録署名人
                                    印
                                    印
```

　最近では議事録を社内のホームページに掲載する企業や、株主総会の模様を映像で社内の情報ネットワークで配信している企業もあります。

5．社外会議の運営

（1）上司が事務局として主催する会議の準備

月例役員会の準備項目を参考に、ここでは、社外の方々がメンバーとなっている会議を主催・運営する場合について考えてみましょう。

全国清涼飲料水協会理事会の開催準備

全国清涼飲料水協会の理事会開催。ホシノ・ビバレッジの星野社長は全国清涼飲料水協会の会長を務めています。この協会は日本全国の清涼飲料水を製造している会社が集まって業界の発展のために協力しています。現在、会長が星野社長であることから、協会の事務局はホシノ・ビバレッジの秘書課が担当しています。

協会の事務局長である福山課長から、協会の理事会を開催するので、会議の案内状を作成して、会議に必要な準備をするように指示されました。20名の理事に対しては、前回の理事会終了時に日程が知らされているため、今回の会議についての日程調整は必要ありません。また会議終了後の懇親パーティーの準備を併せて欲しいといわれました。

問題 秘書業務を考えてみよう！ しなければならないことを自由に出してみましょう。また、準備を始める前に、上司に直接確認しておいたほうがよい項目を挙げてみましょう。

社内会議ではなく社外のメンバーがいる会議では、その開催通知も社外文書の形式をとって作成しなければなりません。会議を招集する主催者は誰か、会議目的は何か、事務局の連絡先はどこかなど、具体的な会議の開催通知に記載すべきことをもとに検討すると、上司に確認すべき項目がはっきりしてくるはずです。会場、資料などの準備品、会議の接待、懇親パーティーについてどのような点をチェックしたらよいか表にまとめてみましょう。

第6章　会議のコーディネート

図表6-10　上司が主催する会議の準備・運営

会場

1. **会場**
   - 目的、参加者を考えて会場を予約する
   - 社外会場の場合は下見をしておく（駐車場などを含む）
   - 担当者との打ち合わせをしておく
   - 会議の形式に合わせて机の配置(レイアウト)や席順を決める
   - 案内受付板を準備し、配置位置を決める
   - 清掃状態の点検、照明や温度調節の確認
   - 受付の位置確認、受付での準備品（参加者名簿、筆記用具など）

2. **受付・案内**
   - 参加者名簿で出欠をチェックする
   - 資料の配布・名札の用意
   - 喫煙場所、化粧室の案内
   - 会議中の飲み物の確認など

資料などの準備

3. **資料など準備品**
   開催案内・出欠確認
   - 開催案内の作成・上司の確認・発送
   - 出席者の把握と委任状のとりまとめ

4. **当日資料**
   - 必要に応じて、関係部署への資料作成依頼
   - 資料のコピー(印刷)、製本、封筒詰めなど
   - 会場への事前発送

5. **備品準備等**
   - ホワイトボードやマジックなどの準備、マイクなどの使用機材のチェック
   - プロジェクター・PCの準備
   - 喫煙場所、化粧室の案内
   - 電話の取次ぎ

会議中の接待

6. **会議中の接待**
   - 会議中の飲み物の手配
   - 空調・照明・マイク・機器の調節
   - 議事録の作成（必要に応じて録音）

懇親パーティー

7. **懇親パーティー**
   - パーティーの形式・式次第
   - パーティーの予算
   - 司会進行マニュアル・担当者
   - 料理の種類・量・飲み物の種類・銘柄・量

終了後後片付け

8. **終了後**
   - 車で帰る人のための配車手配（運転手への連絡など）
   - 部屋の片付けと忘れ物の点検
   - 会議場管理者への終了報告
   - お世話になった方へのお礼も忘れない
   - 議事録を作成し、使用資料のファイリング
   - 欠席者への資料配布

6．会食の手配

（1）打ち合わせのための会食の手配

　社外の方との会議や打ち合わせの後に、堅苦しい場を離れて会食や懇親会を行い、リラックスした雰囲気の中で親交を深めたり、よい関係を築く時間を持つことが多くあります。また遠来のお客様や海外からの訪問者等を招待してもてなすこともあります。このような場合の会食の手配は秘書にとって大変気を使う重要な仕事です。

会食の手配

9月10日(火)15時

　来週9月17日に来日されるカナダのアボット夫妻は、工場見学の予定でしたが、急に日程の都合で見学が取りやめになりました。そのため17日に社長夫妻・木村専務と昼食をとることになり、Aさんは、専務から「都内で景色を眺めながら、ゆっくりと日本食を楽しめる場所を探してほしい」と依頼されました。

　「前回は六本木の有名な焼き鳥屋へお連れしたところ、少し騒々しく、お好みではなかったようだ」と木村専務から言われています。

問題　今回の会合をどのような手順で、どんな点に注意して進めたらよいでしょうか？　考えてみましょう！

　専務からの依頼内容を確認してみましょう。「前回のお店はお好みではなかった」、また今回は「都内で景色を眺めながら、ゆっくりと日本食を楽しめる場所を探してほしい」との希望です。前回のことを、その時まだ秘書室に配属になっていなかったAさんは知りません。そこで、先輩の山本さんに前回のお店のこと、なぜその店を選んだかなどを詳しく聞いてみました。その結果前回のお店は、ある大統領がお忍びで出かけたことから話題性があり、ホテルからも近いということで専務が選定されたとのことでした。そこで今回は、前回の教訓を活かし、都内の庭園の中にある日本家屋の離れで懐石料理を出す店を探し、福山課長や先輩の山本さんにも相談することにしました。

第6章　会議のコーディネート

　このようにお店の選定などは、上司の視点とお客様の受け止め方がちがったということもありますが、そのことを上司から聞いていれば、次の選定のために重要な情報となります。秘書が同行しない場合は特にその時の様子について上司から詳しく聞いておくとよいでしょう。

　企業ではよく使う店や信頼の置ける店のリストをデータベース化して、いつ誰をお連れしたかなどの履歴をとれるようにしている企業もあります（秘書業務管理システムp.35参照）。秘書は日頃から、信頼できるお店の情報を集めたり、お店の方との打ち合わせを十分に行うことが重要です。お客様の好みや雰囲気に合わせたコーディネートができるよう、お客様に喜んでもらえる宴席にするために心配りをし、もてなします。

（2）秘書が同行する場合の流れ

確認ポイント！

- ■日程調整
- ■会場選定・予約
- ■連絡・案内状作成
- ■その他手配
- ■当日出迎え・案内

　お店を予約するだけの場合もありますが、秘書が同行する場合の流れを見てみましょう。

1) 日程調整：上司の日程から候補日を2日から3日挙げ、先方の都合と調整して日時を決定します。

2) 会場選定・予約：先方の嗜好（和食・洋食・中華など、座敷・椅子など）や予算・人数・お店の雰囲気を考慮して会場を選定して予約します。特に、お招きする相手の属性（外国人か日本人か、職位、年齢・性別）や相手先の企業の所属する企業グループとの関連、今後の取引の状況など細かな配慮をして、会食場所（ホテル・レストラン・料亭など）を選ぶことが重要です。また予約時には会食場所の担当者に、どのようなお客様で、どのような宴会なのかも伝えておきます。特に気をつける点（アレルギーなど飲食物で避けるものなど）があれば事前に伝えておきます。

3) 連絡・案内状作成：案内状を送る場合は、日時・場所（ホテル名・店名・住所・電話番号）、駐車場の有無を記載して、会場地図を添付しておきます。発送前には先方の役職、氏名に間違いがないかを確認します。

4) その他手配：お招きしたお客様に手土産を用意する場合は、先方の嗜好や家族構成などを配慮して、品物を選び手配する。また必要に応じて迎えの車を予約しておきます。

5) 当日出迎え・案内：会場の受付、入口でお出迎えをします。事前に席次を決めておき、ご案内します。当日の朝、確認の電話をいれることもあります。

確認ポイント！
■会食中
■見送り

6) 会食中：秘書は別室で待機していて、時々宴席の進み具合を確認します。タイミングを見て、帰りの車の手配をします。

7) 見送り：準備しておいた土産品を渡します。大げさにならないように車の中に入れておき、帰り際に上司または秘書からその旨お伝えすることもあります。招待客・上司を見送ります。

7．会議の知識

会議はメンバー間のコミュニケーションを図るための重要な手段です。どのような種類があるのか会議の基礎知識について学びましょう。

(1) 会議の種類

確認ポイント！
■会議の種類と目的

会議を準備する際には、会議の種類と目的を確認し、会議を開催する会場を手配します。

1) 会議の種類と目的

会議を開くねらいは主に、衆知（多人数の知恵）を集めるためや、合意を得るため、共通の結論を得て実施をスムーズにするため、などです。会議の目的によって次のような会議の種類があります。

図表6-11　会議の種類

種類	目的	例
意思決定会議	会社の意思決定	取締役会、常務会
情報伝達会議	業務上の連絡や情報伝達	部門の定例会議
意見調整会議	部門間の調整	関連部門の合同会議
教育・研修会議	能力開発・相互啓発	新入社員研修・管理職研修
アイデア会議	アイデアの収集	ブレーン・ストーミング*

＊ 何人かが集まり、あるテーマをめぐって、既成概念にとらわれず、自由奔放にアイデアを出し合う会議形式の一種。

第6章　会議のコーディネート

■会議の形式
・パネルディスカッション

・シンポジウム

・フォーラム

・バズ・セッション

2）公開の会議の形式

①**パネルディスカッション**：討議する問題について、通例数人の対立意見の代表者が、聴衆の前で論議をかわす形式で、最後に聴衆から意見や質問を受ける会議。

②**シンポジウム**：複数の人が、同一問題の異なった面を示すように講演または報告し、おのおのの意見を述べ、聴衆や司会者の質問に応答するという形式の会議。

③**フォーラム**：聴衆がフォーラムメンバーの意見とメンバー間の討議を聞いた後、質問をしたり、意見を述べたりして、討議に参加できる公開討論会。

④**バズ・セッション**：メンバーの数が多い時に、全体を6人くらいずつの小さなグループに分かれて討議し、その結論を全体に報告する形式。バズとは、ハチがブンブンという音のこと、セッションとは会議で、大きな会場で小グループがいっせいに話し合っている状態からこの名前がついた。

図表6-12　株式会社の重要会議

株主総会	株主で構成される会議で、会社運営上の基本事項を決める最高議決機関である。商法で年1回以上の開催が義務付けられている。取締役や監査役の選任、定款の改廃、予算・決算の承認などが議題となる。
取締役会	法定会議であり、株主総会で選任された取締役によって構成される。経営活動全般にわたる基本方針を決める決定機関である。半数以上の取締役の出席で成立し、過半数の賛成により起案が可決される。
常務会	会社によっては、重役会・最高経営会議などと呼ぶ。通常、常勤取締役(社長、副社長、専務取締役、常務取締役など)で構成される。商法で定められた会議ではないが、事実上、会社運営の方針を決める会議である。

(2) 会議に関する用語

会議に関する主な用語についてまとめておきましょう。

図表6-13

招集	会議のために関係者を集めること。
議案	会議で討議・議決するために提出する原案。
付議(ふぎ)	会議にかけること。「付議事項」のように使われる。
定足数(ていそくすう)	会議で議事を進め議決をするのに必要な最低限の人数。
委任状	ある人に一定の事項を委任した旨を記した書面。委任事項に関する代理権を与えたことを証明する文書である場合が多い。
提案	議案や考えを会議に提出すること。
採決	議長が議案の可否を会議構成員に問うて採否を決定すること。
動議(どうぎ)	会議中に、出席者から、予定した議案以外の議題を出すこと。
一時不再議の原則(いちじふさいぎ)	いったん会議で決定したことは、その会期中に二度と持ち出せないという原則。
諮問・答申(しもん・とうしん)	上位者(機関)が下位者(機関)に、決定に先立って意見を尋ね求めることが諮問、その答えが答申。
分科会	全体を専門分野ごとに細かく分けて開く会合。

■ 演習問題

(a) 秘書Aさんは出社すると福山課長から、急なことだが今日10時から13時まで臨時役員会を開催することになったので、準備をしてもらいたいと指示されました。今日は先輩秘書の山本さんは休暇を取っています。このような場合、すべきことはどのようなことか順に箇条書きで挙げてみましょう。

第6章　会議のコーディネート

(b) 資料準備について現役社長秘書Sさんのケースから考えてみましょう。

> 担当部署との調整（社長秘書Sさんの場合）
> 　私の会社では会議資料を担当役員が自ら資料の原稿を準備されるので、社長秘書の私が資料原稿の作成をすることはほとんどありません。ただ少なくとも会議前日に原稿をいただいておかないと、コピーやセッティング（丁合）が間に合わなくなります。担当役員にはいろいろな方がいらして、余裕を持って原稿を渡してくださる方、こちらから催促をしないと提出いただけない方などさまざまです。役員のみなさんはお忙しい中で準備をされているので、たいへんなのはよくわかりますが、資料準備の段階で原稿が揃っていないと、ミスの原因にもなりますし、後で余計な時間がかかってしまいます。
> 　そのようなことが起こらないようにするにはどんな方法が考えられるでしょう。

(c) 星野社長は、ロータリークラブの地区役員をしています。その関係で、今日も2名の地区役員メンバーが来社し、打ち合わせをしています。5時を過ぎたころAさんは社長から、「料亭Mに、6時に予約を入れておいて」と指示されました。料亭Mは、本社から車で5分くらいの所にあります。Aさんは上司から指示を受けた時、どのようなことを確認しておく必要があるでしょうか。書き出してみましょう。また、社長とのやりとりをロールプレイングしてみましょう。

【ロールプレイング】
会議室にいる社長から、内線電話がありました。
星野社長「お客さんと、場所をかえて打ち合わせをするので、料亭Mに6時で予約を入れてください」
秘書A　「ハイ、かしこまりました。料亭Mに6時からでございますね」
　　　　（確認事項を質問する）
　　　「＿＿＿＿＿＿＿＿＿＿＿＿＿＿＿＿＿＿＿＿＿＿＿＿＿＿＿＿」
　　　「＿＿＿＿＿＿＿＿＿＿＿＿＿＿＿＿＿＿＿＿＿＿＿＿＿＿＿＿」

星野社長「・・・・・・・・・・・・・・・・・・・・・・・・・・」

第7章　慶弔・贈答のコーディネート
～マナー・しきたりに関心を持とう～

学習のねらい

　秘書の仕事の中には、会社行事や慶弔の儀式・イベント等に参列する上司のサポートを行うというものがあります。上司が不安なく行動し、業務をスムーズに遂行できるように、秘書は関連情報を積極的に集め、それを適切なタイミングで上司に提供する必要があります。

　業務上起こりうる慶弔事の常識やしきたり・マナーについては、上司はもちろん、他部署の人たちからも「秘書であれば知っていて当然」と期待されるのが常です。日頃からこれらのことに関心を持ち、事前に予備知識を得ておくことによって、より良質なサポートができるようになります。

　ここでは、行事の企画運営をはじめ、上司の交際を助ける業務コーディネートの演習を通して、秘書に求められる先読み力や多岐にわたる配慮の重要性を学んでいきましょう。

1. 慶弔事における秘書業務の基本

（1）秘書が行なう行事企画のコーディネート

　慶事や弔事の交際は、心づかいを適切な「形」に表わすことによって、企業間または知人同士の関係を円滑に保つコミュニケーション活動の一環です。この章では、秘書の仕事として発生する慶弔・行事にまつわる業務について学び、そこでの秘書の役割を考えていきましょう。

会社創立記念行事の準備

　9月12日（木）の午後、社長室にて
　星野社長が秘書課員を集めて次のような指示を出しています。
　「当社は、来年9月25日に創業50周年を迎える。ついては、総務部と秘書課が共同で、祝賀行事の企画運営をしてほしい。式典・祝賀会は9月下旬の『日の良い時』を調べて設定するように。式典は創業時からの取引先を招いて行なうので、ある程度格式のあるものにしたい。しかし、祝賀会は、あまり堅苦しいものにはしたくない。40周年の時は、少し形式的すぎたのではないかと思っている。何かアトラクションなども織り交ぜて親しみのあるものにしてはどうだろうか」

・40周年記念の際は、都内のグランドホテルを会場にして式典と祝賀会を行なった。その後、社屋を改築した際に、社屋最上階にイベントホールが設置された。ホールの収容人数は立食形式で約200名である。
・40周年記念行事を経験したのは、秘書課では、課長の福山雅美ひとりである。

問題　上記の星野社長の指示を受けて、企画準備を始める前に社長に直接確認しておいたほうがよいのはどのようなことでしょうか。思いつくことを、できるだけたくさん挙げてみましょう。まず、5W2Hをベースにして考えてみましょう。

（2）行事企画コーディネートの主な流れ

　行事企画を指示された場合の基本的な流れを見ておきましょう。秘書は主催者（上司）の意向をしっかりと汲み取って、細部に目配りしながら、段取りよく準備を進める必要があります。進行全体の流れを見通して綿密に準備し、確実に行動することはもちろん、不測の事態に対しても、臨機応変に対応することが重要です。

企画・立案
・主催者に、企画の前提となる条件を確認
・日程、会場の検討と確定

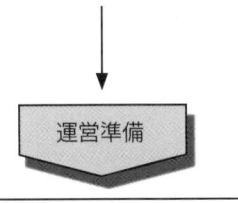

　・会の形式や予算規模、参加予定者、必須の内容等を確認
　・開催日の候補および、会の目的・参加者数に見合う会場候補を挙げて検討
　・前例、参考情報の収集、目的に適った企画を立てて検討
　・年間スケジュール、業務スケジュールを考慮し日程を確定
　・当日までの作業スケジュールを「進捗状況表」で提示

運営準備
・事前打ち合わせと具体的な準備
・作業の進捗状況のスタッフ間共有

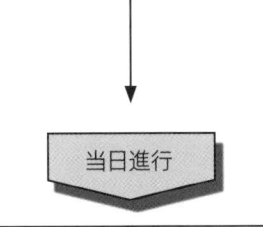

　・招待者リスト、参列者名簿の作成
　・会場の選定、詳細打ち合わせ
　・招待状の文章起案、印刷、発送
　・会場設営のための備品等を準備
　・プログラム、表彰状等印刷物の手配
　・主催者、来賓挨拶の依頼、司会者との打ち合わせ
　・会食のスタイル、内容の打ち合わせ
　・写真撮影、記念品等の手配

当日進行
・関係者と綿密な連絡
・アクシデントへの対応

　・会場受付、案内
　・来賓への対応（接待、配車等）
　・会の進行補助
　・会場全体への目配り（環境管理）
　・取材、マスコミへの対応
　・予定外の動きへの対応

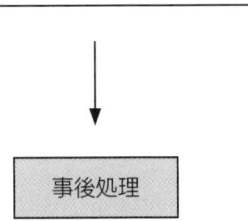

事後処理
・終了後の片付け
・関係者への報告、記録保存

　・会場の片付け、後始末
　・関係者への報告、お礼、支払い
　・関係資料をファイル、運営の際の詳細を記録

（3）行事企画コーディネートの要領

行事企画を指示された場合に、秘書が準備・手配しなければならないことは数多くあります。まずは企画全体の流れを把握し、秘書としてなすべきことを確認してみましょう。

確認ポイント！

- ■企画条件の確認
- ■企画立案 
- ■日程・会場の選定と予約 
- ■事前打ち合わせと運営準備

1）企画条件の確認

最初に日時、場所、形式（会食を伴う場合はそのスタイル・内容）、格式、人数と予算規模など企画のための条件を主催者（上司）に確認した上で、次のような準備にとりかかります。

2）企画立案

① 招待者、列席者、表彰者等をリストアップする。
② 式典の式次第や会食のスタイルを検討して提案する。
③ 祝賀の内容にふさわしいアトラクション（コンサートや舞踊、スライドショー等）を提案する。
④ 記念品・お土産にふさわしいものを選定し、上司の確認を得て手配する。

3）日程・会場の選定と予約

祝賀会の日程は、季節柄や六耀（ろっき）などを参考にして、できるだけ「日の良い時」を選びます。もちろん、業務予定と照らし合わせて、上司の意向に沿う日に確定させます。

また、利便性や格式等を考慮して、ホテル、公共施設、自社施設等、条件に合った会場を選定し、早めに予約を入れておきます。会場選定の際には、必ず下見をして、会場の雰囲気や駐車場の有無などを確認しておきましょう。

4）事前打ち合わせと運営準備

企画方針が固まったら、準備のためのタイムスケジュールを組み、上司・関係者とできるだけ綿密に連絡を取り合いながら準備を進めていきます。作業の進捗状況をスタッフ間で、いかに共有して進められるかが企画成功の鍵となります。具体的な準備事項としては、以下のようなものがあります。

① 参列者名簿を整備する。
② 招待状の文章を起案し、上司の点検を経て印刷し、期日にゆとりを持って発送する。
③ 看板・垂れ幕やプログラム、花卉（かき）等を発注する。

第7章　慶弔・贈答のコーディネート

④記念品・表彰状、胸章などを人数分用意する。

⑤必要備品・使用機材の手配と作動チェックを行なう。またビデオ撮影や、記念撮影の手配をする。

⑥主催者代表挨拶（社長、所属部長等）、来賓挨拶・乾杯音頭、司会者などを決め、依頼する。

⑦会食のスタイル、食事内容の詳細を詰める。

■当日進行

5）当日進行

当日の流れや注意事項は、上司はもとより、進行役やスタッフとできるだけ細かく打ち合わせておきましょう。各業務の担当を明確にしておき、当日起こるアクシデントにも臨機応変に対応できるように備えておくことが大切です。当日の具体的な仕事には次のようなものがあります。

①受付デスクを用意する（参列者名簿を用意する。式次第・プログラムなどの配布資料、記念品などの数を揃えておく）。出入金が発生する場合は、手提げ金庫を用意しておく。受付が始まったら、スムーズに流れるように目配りする。

②社旗や花卉、マイクの位置などを確認しながら会場の設営をする。

③使用する機材（マイクやパソコン、ビデオ等）の作動確認を行なう。

④来賓（VIP）をお迎えする。必要に応じて控え室に案内し接待する。お迎えから送り出しまでを確実に行なえるように、必ず担当者を決めておく。

⑤式典・祝賀会開始後は、細部に目配りし、進行補助、マスコミへの対応、突発的な出来事への対応など、機転を利かせて行動する。

⑥来賓、参加者を見送る。必要に応じて、来賓の方々の車の手配をする。

■事後の処理

6）事後の処理

会の終了後は、会場への支払いと後片付けをします。各方面への終了報告とお礼を忘れないようにしましょう。タイミングをはずさず、お礼状を発送します。運営上の失敗や反省点は、細かく記録を取っておき、次回に活かすようにしましょう。

（4）慶弔・行事の知識あれこれ

　秘書がかかわる慶弔行事には、結婚式やパーティーなどのお祝い事、通夜・葬式などのお悔やみ事、年中行事や各種催事などさまざまなものがあります。最近では、虚礼廃止や交際の簡素化が叫ばれ、形骸化した儀礼的な活動を見直す方向にはあるものの、実際には公私にわたる慶弔行事は社会生活を送る上で欠かせないものになっています。交際・行事の機会は、企業間の関係を確認し、取引を円滑に進めるための一助ともなるからです。

　このような中で、秘書は上司の取引先関係者、知人・家族・友人等にかかわる慶弔情報にアンテナを張り、参列や贈答の手配を行なうなど、その状況に応じて適切な処理をする役割を担います。時には上司の代理で参列するというケースもありますが、上司本人や、総務部など慶弔庶務を受け持っている部署と連携しながら処理していくことになります。多忙な上司が、余計に気を使うことなく安心してスムーズに行動できるように、秘書は日頃から新聞の慶弔記事に目を通すのはもちろん、時代の変化や地域ならではの慣習やしきたりなど、関連知識や情報を積極的に収集して、細部に配慮しながらサポートできるようにしておきましょう。たとえば、p.130の事例にあるように、上司から「式典・祝賀会は日の良い時に設定してほしい」と指示された場合、「六耀」の知識を備えていると、選定の基準のひとつとして活用することができます。六耀（六曜とも言う）とは、中国暦の陰陽五行説に由来し、日々の吉凶の判断基準とした暦注のことです。冠婚葬祭の日取りを決める際に、「験担ぎ」として今でも用いるケースは少なくありません。カレンダーに小さく記載されているのを目にしたり、会話の中で耳にしたことがあるでしょう。単なる迷信として気に留めない人も増えていますが、「お祝い事は良い日を選びたい」という気持ちの現れと考え、参考にするとよいでしょう。

　また、会社や上司が主催する慶弔行事の際に、秘書は社内外の連絡コーディネート役として働くことになります。各ケースのたびにあわてることなく、またもれなく手配ができるように、過去の慶弔記録・管理を確実にしておくことも秘書の重要な仕事のひとつです。

　慶弔業務をスムーズにこなすための心構えとしては、①常識・教養と情報収集力を身につけること、②儀式・行事を整然と進める一方、場の状況を把握して臨機応変に対応する力を備えること、③日頃から慣習やしきたりに関心を持ち、形式を重んじながらも、柔軟でこまやかな配慮ができるようにしておくことが重要です。

第7章　慶弔・贈答のコーディネート

図表7-1　秘書の慶弔業務管理領域と主な役割一覧

	対象となる領域	秘書の役割
慶　事	就任、昇進・栄転、退職者の慰労会、受賞、賀寿（長寿の祝） 入社式、永年勤続表彰、新任者の歓迎会、創立記念、周年記念、新社屋落成、支店・店舗開設披露、取引先主催の祝賀行事・催事、新製品・新事業発表会、叙勲祝賀会、出産、卒入学、結婚式・披露宴、就職、新築、結婚記念など	・詳細情報の収集 ・案内状、お礼状の作成と発信 ・招待状への返信 ・参加のためのスケジュール調整 ・同行者、関連部署への連絡 ・過去の対応時記録の確認 ・祝電、弔電の手配 ・祝い品の手配、お届け ・ご祝儀、不祝儀、目録の用意 ・来賓者(VIP)への対応 ・参列のための車の手配 ・服装、持ち物の準備 ・祝辞、弔辞など原稿書き手伝い ・広報と連携したマスコミへの対応
弔　事	通夜、葬儀、告別式、社葬、偲ぶ会、弔問、初盆、回忌、法要など	
贈　答 見舞い	中元・歳暮、イベント等への商品提供、土産、病気、事故、火事、災害、陣中見舞いなど	

図表7-2　ある企業の秘書課・役員関連の慶弔・行事カレンダー例

```
4月    上旬    入社式
       下旬    永年勤続表彰準備
5月    上旬    春の褒章発表
       中旬    理事会、株主総会案内
6月    上旬    理事会
       中旬    株主総会
       下旬    役員改選、お祝、祝電のとりまとめ、挨拶状およびリスト作成
               暑中見舞い印刷準備
               お中元リストの整備、贈答品選定と発送手配
7月    上旬    創立記念日
       中旬    暑中見舞い発送
9月    中旬    共栄会ゴルフコンペ準備と案内状発送
10月   中旬    年賀状の手配準備、顧客リストの更新
11月   上旬    秋の叙勲・褒章発表
       中旬    年賀状印刷、忘年会企画
       下旬    お歳暮の選定、発送手配
12月   上旬    年間スケジュール更新
               お供え、正月用品の準備、御用納め
       下旬    年末挨拶まわり
1月    上旬    新年互礼会、名刺、年賀状整理
2月    下旬    理事会準備
3月    中旬    理事会
```

図表7-3　慶弔の日取り設定に用いられる六耀

先勝 (せんしょう)	「先んずれば勝つ」の意味。何事も急いで早く事を行なうとよいとされる日。午前中は吉、午後は凶とされる。「せんかち」、「さきかち」とも言う。	仏滅 (ぶつめつ)	物事が滅する日の意味で、すべて凶である日とされる。結婚式などの慶事は避けたほうがよいとされる日。すべてが虚しい（空しい）と解釈して「物滅」と呼ぶようになった。これが転じて「佛（仏）」の字が当てられて仏滅となった。
友引 (ともびき)	結婚式などの慶事には大安に次ぐ吉日で、朝晩は吉だが正午は凶とされる。本来は勝負なしの日という意味。いつのまにかその意味を取り違えて「友を引く」ということで、葬式・法事を行うと、友が冥土に引き寄せられるとの迷信が生まれ、葬儀を避けるようになる。一方、結婚式には「友を引く」として喜ばれる。	大安 (たいあん)	「大いに安し」の意味。万事において終日吉とされており、すべてが穏やかに運ぶ大変おめでたい日。六耀の中で最も吉の日とされる。特に婚礼は大安の日を好んで行われることが多い。「たいあん」が一般的な読みだが、「だいあん」とも言う。かつては「泰安」と書いていた。
先負 (せんぶ)	「先んずれば負ける」の意味。先勝とは逆に午前が凶、午後が吉とされる。結婚式やお祝い事は午後から行うのがよいとされる日。「せんまけ」「せんぶ」「さきまけ」とも言う。	赤口 (しゃっこう)	「余計なことを言って疑いをかけられる」という意味の凶日。一般的に厄日とされ、何事も避けたほうが無難な日。特に祝い事には大凶とされている。「しゃっく」「じゃっく」「じゃっこう」「せきぐち」とも読む。

コラム

変わる慶弔の形、変わらない心づかい

　結婚式や葬儀など慶弔儀礼の形は時代とともに少しずつ変化しています。特に葬儀では、無宗教葬や密葬、偲ぶ会が増え、インターネット上で中継する社葬というものまで出現し、これまでの伝統や形式にとらわれない多様なスタイルが許容され始めているようです。

　また、過度な儀礼や交際を控える傾向にある職場では、謂（いわ）れのない贈答品のやりとりもコンプライアンス上の理由から、慎重に行なうようになってきています。

　古きよきものを守り伝える姿勢は大切ですが、たとえ略式であっても、瞬時にメールやサンキューカードで関係者に感謝の気持ちを伝えるなど、秘書のちょっとした心づかいが上司の仕事を支えることにつながることを忘れないようにしたいものです。

2．慶事における秘書の業務

（1）状況に応じた具体的な仕事

　お祝い事や行事の案内・連絡が入ったら、秘書はそれぞれの状況に合わせた対応をして上司をサポートします。判断業務を担う上司に余計な心配をさせることがないように、積極的に必要情報を収集して、タイミングよく上司に提供していきましょう。

> **パーティーの案内状が届いたら**
> 　木村専務が会員として所属している、飲料業界団体「ビバレッジ・インターナショナル」から、以下のような新会長就任パーティーの招待状が届きました。

謹啓　初秋の候　会員の皆様にはますますご清祥のこととお慶び申し上げます

　さて　私儀　九月一日より　当団体の会長を拝命いたしました　微力ではございますが　清涼飲料水業界のさらなる発展のため精進してまいる所存でございます

　つきましては左記のとおり　就任のご挨拶かたがた小宴を設けたいと存じます　ご多忙中とは存じますが　万障お繰り合わせの上　ご臨席賜りますようご案内申し上げます

謹白

記

日時　平成〇年十月二十四日　十八時半より
場所　東京グランドホテル　葵の間

なお十月十日までに同封のはがきにてご出席の有無をお知らせください

平成〇年九月吉日

ビバレッジ・インターナショナル
　　　会長　佐々木　仁

株式会社　ホシノ・ビバレッジ
専務取締役　木村　卓夫　様

＊儀礼の文面には句読点を付けないのが慣例です。

問題　スケジュールを確認した後、同封されていた下のはがきへの返信を含め、秘書としてしなければならないことを、考えてみましょう。

東京都中央区
桜ビル十二階
ビバレッジ・インターナショナル　事務局　行

ご出席
ご欠席
ご住所
ご芳名

（2）慶事における秘書の各種手配の流れ

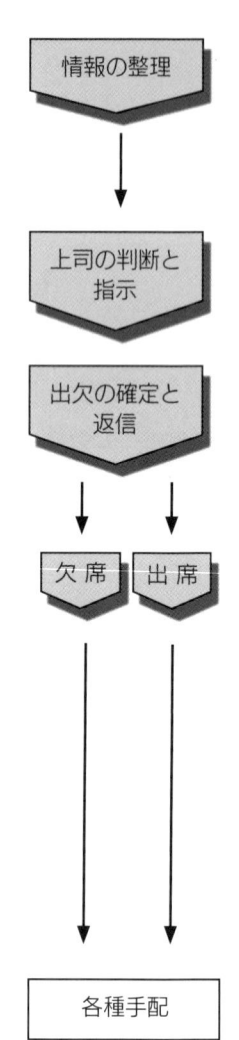

```
情報の整理
   ↓
上司の判断と指示
   ↓
出欠の確定と返信
   ↓         ↓
欠席       出席
   ↓         ↓
    各種手配
```

- 招待状や案内状が届いたら開封し、開催日時に下線を付ける。既に予定が入っている場合は、その旨メモを付ける（予定がない場合は「予定なし」とメモしてもよい）。
- 封筒と手紙文をクリップで留めて上司に渡す。
- 上司本人に出欠を確認して、手配の指示を受ける。
- 必要に応じて、既に入っているスケジュールを変更・調整する。
- 出欠はがきが付いている場合は、期日までに返送する。
- 返信はがきを送る場合は、あらかじめ印刷されている「御欠席」の「御」や、「御芳名」の「御芳」は二重線で消す。また、宛名面に「○○行」と印刷されている場合は、「行」を二重線で消し、その横（または下）に「御中」（会社・団体名の場合）あるいは「様」（個人名の場合）を書き加えるのを忘れないようにする。
- 上司は出席しないが、代理人を出席させる場合はその連絡をする。
- スケジュール帳に書き込む。必要に応じて運転手など他部署へも連絡する。
- 祝儀や贈答品について打ち合わせ、手配する。
- 必要に応じて祝電を打つ。
- 現金を贈る場合は、金額を確認して（慶弔金内規、慶弔管理データを参考にして）出金の手続きをする。用途にふさわしい祝儀袋を用意し、表書きをする。
- お祝いの品を贈る場合は、上司に相談しながら目的にふさわしいものを見つくろい、購入する。
- お祝い品を相手先へ直接届ける場合は、できるだけ大安吉日の午前中を選んで届ける。
- 出席予定に変更が生じた場合は、速やかに対処する。
- 当日までに必要な情報を収集する（他の参列者、服装コードなど）。
- 祝辞（スピーチ）の用意が必要な場合は、その準備手伝いをする。
- 代理出席の場合は、その準備・手配をする。

第7章 慶弔・贈答のコーディネート

（3）慶事・行事にまつわる用語

1）慶事や行事、交際にまつわる用語の意味

次の用語は、秘書業務を行う際に、よく目にしたり、耳にしたりする言葉です。具体的にどのようなことを意味するのか、事前に学び理解しておくと、業務をスムーズに遂行できます。

たとえば、「来賓」とは式に参列するために招かれた客のこと、「主賓」とは式に招かれた客の中で、最も主だった客のことを言います。上司がパーティーに来賓または主賓として招かれることも少なくありません。

また、式典などの席で述べる挨拶の言葉のことを「式辞」と言いますが、上司が式典に出席する際に文章を用意して行かなければならないことがあり、秘書がその作成のサポートをすることもあります。

この他、秘書業務に関わりが深い慶事・行事に関係する用語（図表7-4）を確認しておきましょう。

図表7-4　慶事・行事に関係する用語

落成	工事が完了して建物ができあがることで、竣工とも言う。
地鎮祭	土木・建築などの起工に先だち、その土地の神を祭り、工事の無事を祈る儀式のこと。
上棟式	家屋建造の際、棟木を上げるにあたり、神を祭り、安全を祈る儀式のこと。棟上げ式、建前、上棟祭とも言う。
御用納め	各官公庁を中心に、職場で、その年の執務を終わりにする日のこと。通常は12月28日前後に行うことが多い。
賀詞交換会	地元経済界を中心に、新年に関係者が一同に会し、名刺を交わしながら、挨拶をする会のこと。

2）長寿年齢によるお祝いのことを賀寿と言います。呼び方を覚えておきましょう。

61歳（満60歳）：還暦　　　99歳：白寿
70歳：古希　　　　　　　100歳：百寿
77歳：喜寿　　　　　　　101歳：百一賀
80歳：傘寿　　　　　　　108歳：茶寿
88歳：米寿　　　　　　　111歳：皇寿
90歳：卒寿

(4) プロトコールとドレスコード

　経営のトップにある上司には、国内外を問わず、格式の高い儀典やパーティーに参列する機会も少なくありません。そのような場合に、秘書は上司にとってのよきアドバイザーとなれるように、日頃から、国際的なレベルでの約束事（ルールやマナー）に関心を持ち、知識を備えておきたいものです。

1）プロトコール(protocol)とは

　プロトコールとは、「各国の文化や生活習慣に則して作られた公式な国際マナー」（日本プロトコール&マナーズ協会）のことで、一般的に国際儀礼と訳されているものです。国交・ビジネス・人間関係を円滑に営むことを目的としています。公的な場での挨拶の仕方や服装、国書をはじめとする文書の書き方、国旗の掲揚やパーティーの催し方など、その内容は多岐にわたっています。国際的な決め事として存在しながらも、各国の文化や習慣・場に応じて変動する部分もあります。国際化が進む中で、プロトコールを知らないために誤解を招き、ビジネス上の摩擦を生じさせたりすることがないように、日常の業務の中でも相手に敬意を表わす交際マナーの基盤として学んでおくとよいでしょう。

2）覚えておきたいドレスコード(dress code)

　ドレスコードとは、正式な式典・パーティーのための服装規定のことで、同席する周囲の人たちへの配慮から始まったものです。現代でも、主に冠婚葬祭の場面において重視され、主催者側からコードを指定されることも少なくありません。たとえば、格式あるホテルやレストランで、ノーネクタイ、短パン、ジーンズ、Tシャツ、ビーチサンダルなどが禁止されるのも、ドレスコードの一種です。場の雰囲気を損なわず、お互いに気持ちよい時間を過ごすための約束事ですので、会の目的、格式、場所、時間帯に合わせた装いをすることが求められます。

　儀礼やフォーマルなパーティーの案内に、「ブラックタイでお越しください」というような服装指定がある場合はもちろんですが、服装指定がない場合でも、同席する方々がどのようなドレスコードで参列するのか、秘書として事前に調べて、上司に恥をかかせない心づかいも必要です。近年は、フォーマルウェアに対する考え方は男女とも、緩やかになってきてはいますが、T.P.O.の基本となるドレスコードを押さえておくと安心です。

第7章 慶弔・贈答のコーディネート

図表7-5 ドレスコードの基本

格式		男性		女性	
正礼装	昼	モーニングコート	上着はグレー。日本では黒い上着もあるが、グローバルスタンダードではない。ネクタイ、ズボンは縞。黒い紐付き靴を履く。公式式典、午餐会、茶会・園遊会のほか、結婚式、披露宴、記念式典、卒業式やパーティーなどで着用。通常、夜には着用しない。	アフタヌーンドレス、留袖（黒留袖、色留袖）、振り袖	肌を露出しすぎない長袖が基本。肩や背中が開く場合は、ボレロやストールを羽織る。昼間は光るアクセサリーは控える。
	夜	テイルコート（燕尾服）「ホワイトタイ」とも呼ばれる。	男性の第一礼装。上着は黒色。チョッキとネクタイは白色。エナメルの黒紐靴。公式晩餐会、叙勲式、結婚式、レセプション、音楽会、格調高い着席式のパーティーなどで着用。	イブニングドレス（ローブデコルテ）、色留袖か訪問着、振り袖	最も格調高い女性の装い。袖なしを原則とし、胸元・背中・肩が大きく開いたイブニングドレス（ローブデコルテとも言う）を着用。ロング丈が一般的。サテン、タフタなど柔らかい生地のもの。靴、バッグは織物、共布などで、ドレスの生地を傷めないものが正式。
準礼装	昼	ディレクターズスーツ	昼間のパーティーに着用。縞のコールズボン。ネクタイは白黒のストライプ、またはシルバー。	カクテルドレス（イブニングドレスを簡略化したもの、スカート丈は自由）、アンサンブル、ワンピース、スーツ	袖のないドレスには長袖や七分袖のジャケットかボレロを合わせ、肌の露出を抑える。アクセサリーは光る宝石は控える。靴はオープントゥでないもの。
	夜	タキシード（「ブラックタイ」と呼ばれる。）	上着は黒が原則。黒の蝶ネクタイ。胸にヒダのあるシャツ、カマーバンド着用。紐なしエナメル黒靴が正式。夜会の略式礼装。夕方からのパーティーに。	ディナードレス（袖つきロングドレス）、振袖、華やかな訪問着	原則はロング丈だが、あまり丈にはこだわらない。
略礼装		ダークスーツ（濃紺やグレーの背広）、ブラックスーツ（日本式礼服）	ブレザーも略礼装の扱いになる。無地以外にもペンシルストライプ等でも可。	ワンピース、スーツ、和服は付け下げ、訪問着等	カジュアルにならない改まった印象の装い。ソフト感覚のパンツスーツ等でも可。

参照：『男の服飾事典』（婦人画報社）
　　　『フォーマルウェア・ルールブック』（日本フォーマル協会）

(5) パーティーや宴会・会食の知識

秘書は、上司が主催する会合のために、パーティーや会食・宴会のセッティングを任されることが少なくありません。食事の内容をはじめ、会の目的や参加する人にふさわしい格式や雰囲気の会場を選定できるように日頃から情報を収集し、提案できるようにしておきましょう。

1）パーティー・会食の形式

会の目的により、会食の形式には以下のようなものがあります。

①**着席形式**：格式を重んじる正式な会合、年配の参加者が多い会合の場合に適しています。
- ディナーパーティー：本格的なフルコースの食事を歓談しながら楽しむもの。
- ランチョンパーティー：多忙な仕事の合間の、昼食時を利用して行なうもの。

②**立食形式**：席を決めずに、会場を自由に歩いて交流できる立食形式は、参加人数が多い場合に適しています。
- カクテルパーティー：飲み物と軽食で、立ったまま歓談する気軽な会のこと。
- ビュッフェパーティー：会場の中央または一角に大皿に盛られた料理が用意され、参加者各自が好きなものを取って食べながら、歓談するもの。

2）日本料理の種類

日本料理での会食には、目的や作法によって以下のようなスタイルがあります。

①**本膳料理**：一番格式が高い、本格的なおもてなし料理のこと。脚付きの膳に料理が並び、一の膳から五の膳までのすべての膳が一度に出されます

②**会席料理**：本膳料理が簡略化され、酒宴の部分だけが独立して宴会料理として発達したもの。結婚披露宴や弔事、料亭などの改まった席でいただく料理のことです。一般的には、前菜（先付）→吸い物→お造り（向付）→焼き物→酢の物→ご飯・止め椀・香の物→水菓子（果物）→菓子・茶の順に出されます。

③**懐石料理**：昔、禅僧が空腹を紛らわすために、温めた石を懐に入れたことに由来する、茶の湯でお茶を喫する前にいただく料理のこと。献立は一汁三菜で、簡素なものです。折敷に、汁物、ご飯、向付が出されると、あとは一品ずつ食べ終わるごとに出され、最後に抹茶をいただきます。

図表7-6　日本食の基本の配膳

❶主菜（焼き物などメインのおかず）
❷ご飯　❸汁物（お吸い物や味噌汁）
❹副菜（煮物など）　❺副々菜（酢の物や和え物など）　❻香の物（お漬物など）

3．弔事における秘書の業務

（1）関係者の訃報に接した時

　旧来の葬儀形式にこだわらない人が増え、家族葬や無宗教によるお別れ会、偲ぶ会を開催するなど、近年、葬送のあり方は多様化してきています。秘書は、こうした時代の変化を捉えるとともに、地域による習慣の違いなどに配慮しながら、状況に応じて適切に対応できるようにしておく必要があります。葬儀の際に供花・供物の受け取りを辞退するケースも増えていますので、秘書の手配にも、より一層の配慮が求められます。

> **新聞のお悔やみ欄を目にして**
>
> 11月25日(月)午前8時45分
> 　今朝の新聞に目を通していたところ、以下のようなお悔やみ広告を見つけました。岡田商事は当社の重要取引先であり、岡田和也氏は社長です。木村専務はまだ出社していません。

```
母　岡田　秀子儀　かねて入院加療中のところ
十一月二十四日午後七時　享年九十二歳をもって永
眠致しました　ここに生前のご厚情を深謝し謹んで
お知らせ申し上げます
おって葬儀は左記の通り執り行います

一、式場　　天正本願寺
　　　　　　東京都文京区・・・
一、葬儀　　十一月二十六日　午前十時
一、通夜　　十一月二十五日　午後六時

　　平成〇〇年十一月二十五日

　　　　　　　　　　　　　喪主　岡田　和也
　　　　　　　　　　　　　長女　川口　緑
　葬儀委員長　日本ビール協会会長　山口　昭雄
```

問題　このお悔やみ広告を見た後の、秘書としての対応を、順を追って書き出してみましょう。

143

（2）弔事における秘書業務の流れ

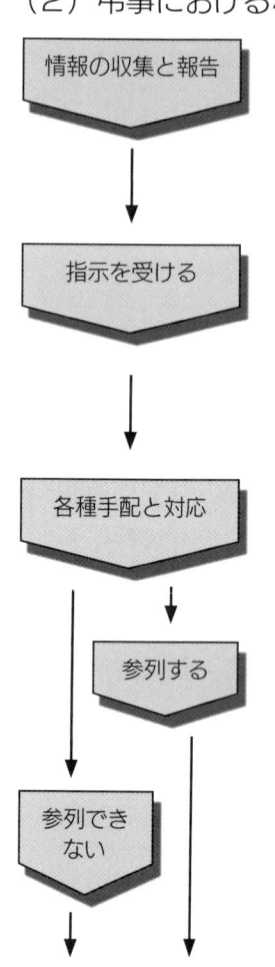

情報の収集と報告
- 毎朝、必ず新聞の訃報欄に目を通し、関係者の記事を見つけたら、情報を整理して上司に伝える。
- 関係先からの電話連絡を受けた場合は、住所や寺院名、会館名を漢字で正確に聞き取る。

指示を受ける
- 入手した情報を簡潔に上司に伝え、対応についての指示を受ける。
- 通夜、葬儀（告別式）のどちらに参列するのかを確認する。
- 参列しない場合は、代理の参列が必要かどうかを確認する。
- どのような手配が必要かの指示を受ける。

各種手配と対応
- 参列する場合は、既に入っているスケジュールを速やかに調整する。

参列する
［参列する場合］
- 慶弔規程に従って香典等の手配をする。
- 会葬のための洋服、持ち物を用意する。
- 弔辞を依頼されている場合は、奉書紙などを用意する。
- 配車

参列できない
［参列できない場合］
- 弔電を打つ。
- 供花（花輪）、供物の手配をする。

葬儀場から帰社
- お清めの塩を使う慣習がある場合は、帰社時間に合わせて用意する。

■ 弔電の手配

　葬儀・告別式に参列できない時、あるいは組織内の慶弔規定に従って電報を打ち、お悔やみの気持ちを伝えます。宛名は原則として喪主にします。喪主名が不明の場合は故人名「〇〇様ご遺族様」としてもかまいません。電報は電話、または、電話局のホームページから打電します。
　参照：http://www.ntt-east.co.jp/dmail/

第7章　慶弔・贈答のコーディネート

（3）関係者の訃報を聞いた後の対応

1）情報の収集

　関係者の訃報を耳にしたら、通夜、葬儀・告別式が行なわれる日時・場所など正確な情報を収集することが大切です。特に電話で連絡を受ける場合は、住所や寺院・会館名を漢字で正確に聞き取るようにしましょう。可能であれば、亡くなった日時、死因（病名）、葬儀の形式（社葬、密葬、宗派など）も聞いておきます。弔電を打つ際に必要となる喪主の氏名、住所、電話番号も聞いておきましょう。

2）上司への報告・連絡・相談

　上司には、通夜、葬儀（告別式）のどちらに参列するかを確認します。次に、既に入っているスケジュールをどのように調整するかを打ち合わせます。また、社内関係者への連絡が必要か、同行参列者がいるかどうかも確認しましょう。上司本人が参列できない場合は、代理参列が必要かどうかを聞き、どのような手配が必要かの指示を受けます。
　会社から世話役を出す場合は、受付・会計・接待・道案内・進行などの係を引き受けます。

3）指示に応じた各種手配と対応

　上司の指示に従って、以下のような手配をします。
①同行者、代理参列者に連絡する。
②必要に応じてスケジュールを変更する。
③通夜・告別式に出られない場合は弔電を打つ。上司個人名で打つのか、会社名で打つのかを確認する。
④香典の手配をする。金額を社内規定や前例に従って決め、出金する。
⑤不祝儀袋に、宗教別に適切な表書きをする（薄墨で書く）。
⑥供花（花輪）、供物の手配をする。辞退される場合があるので、必ず先方（葬儀場）に確認してから手配する。
⑦会葬のための洋服、持ち物を用意する（ブラックスーツ、黒ネクタイ、数珠、香典、喪章など）。
⑧上司が弔辞を依頼されている場合は、巻紙・奉書紙・筆を用意する（最近は便箋に書き、封筒に入れるケースが増えている）。
⑨配車（葬儀場の住所を確認し、地図をコピーして運転手に渡す）。

4）帰社したら

　告別式後に会社に戻る場合、慣習にもよりますが、「お清めの塩」を用意しておきます。喪服の手入れをし、必要であればクリーニングに出してから片付けます。

（4）供花、供物の手配

弔事の際の秘書の仕事として、故人の霊前に供える供花や供物の手配があります。地域や宗教・宗派によって内容が異なり、喪主側から辞退されるケースもあるため、喪家や葬儀場、世話役に問い合わせてから贈りましょう。生花の場合は、花屋へ注文するか、葬儀社に注文依頼します。香典、供花、供物はいずれかひとつ贈ればよいとされていますが、香典とは別に供花、供物を贈るケースもあるので、上司の意向に合わせて手配しましょう。故人との関係により、会社名で贈るのか、上司個人名で贈るのかを確認します。

図表7-7　宗教別の供物および供花の例

	供　花	供　物
仏　式	造花の花輪、生花、花束	線香、抹香、ろうそく、果物、菓子、五穀など
神　式	造花の花輪、生花、花束 （現金を包む方が無難）	果物、菓子、海産物、酒 （神式では線香、抹香は供えない）
キリスト教	生花、花束（プロテスタントの場合は生花のみ霊前に飾る）	供物は贈らない（祭壇への供物はしない）

（5）社葬の知識

社葬とは、会長、社長、殉職者などその企業の発展に多大な貢献をした人を対象として、会社が運営費用を負担して行なう葬儀のことです。遺族と合同で行なう「合同葬」と、通夜・告別式とは別に会社が主催して行なう「偲ぶ会」「お別れの会」などがあります。

運営にあたっては、役員会の意向と社葬規定に従って総務部長が取り仕切って行なうのが一般的ですが、企業内外のトップと接触する機会が多い秘書は、社葬についての予備知識を持っておいたほうがよいでしょう。

＜社葬準備の流れ＞

- 予算を決める
  - ・社葬にかかる費用のうち、税務上、福利厚生費の損金処理ができるものと、できないものがあります。
- 形式を決める
  - ・社葬、合同葬、偲ぶ会などの形式と、宗教別の形式を確認する。無宗教式の社葬を行うこともあります。
- 会場・日時を決める
  - ・会葬者数を予想し、会場を選びます。亡くなってから3日～5日後に行うことが一般的です。偲ぶ会などは亡くなってから一カ月前後に行い、友引や土曜日・日曜日・祝日を避ける傾向にあります。
- 葬儀委員長を決める
  - ・葬儀の最高責任者となる葬儀委員長には、会社の代表者や公的な立場にある業界代表者、議員などが就きます。故人との関係、年齢、社会的立場などを考慮して決めます。
- 香典や供花・供物の取り扱いを確認する
  - ・香典は全額、喪主（遺族）に渡し、香典返しも遺族が行なうのが一般的です。供花や供物は会社で一括して受け付けると、配置場所などの予測がしやすく便利です。

第7章 慶弔・贈答のコーディネート

（6）弔事にまつわる用語

1) 上司が葬儀に参列する際に、秘書として適切にサポートできるように、弔事に関係する次の言葉を覚えておきましょう。もちろん秘書自身が上司の代理で弔事に参列するケースもあります。事前に知識を得ておくことで、あわてずに振舞うことができます。

図表7-8　弔事にまつわる用語

会葬	お参りをするために葬儀に参列すること。	訃報	逝去の知らせのことを言う。
喪主	遺族の代表者。故人に最も身近な人（夫、妻、長男など）のこと。	数珠	念珠とも呼ばれる、糸を通して輪にした仏教用の法具。宗派によって形や素材、使い方が異なる。
葬儀委員長	葬儀の運営進行の責任者のこと。	享年（きょうねん）	この世に生きていた年数のこと。
弔問（ちょうもん）	お悔やみを述べるために遺族を訪問すること。	初七日	亡くなった日を含めて7日目に行なう法要のこと。
弔辞（ちょうじ）	葬儀の際に、故人に向けて述べる別れの言葉。	一周忌	定められた年に行なう法要のひとつ。没後最初の祥月命日。
精進落とし（しょうじん）	火葬場から戻って来た後に、遺族が関係者を労（ねぎら）って開く宴席のこと。	通夜・告別式	葬儀前夜に夜通し行なう儀式のことを通夜、葬儀において故人に別れを告げる儀式のことを告別式と言う。

2) 宗教別の弔いの仕方を覚えておきましょう。

仏教：焼香（しょうこう）

1. 数珠は左手に持ち、遺影に向かって一礼、合掌する。
2. 抹香の場合は指先で香をつまみ、押しいただいて香炉に落とす。回数は宗派によって異なるが、1～3回。線香の場合は、火を口で吹き消したりせず、手で扇いで消す。
3. 合掌して一礼。
4. 2～3歩下がって、遺族に一礼して戻る。

神道：玉串奉奠（たまぐしほうてん）

1. 玉串（榊）を受け取り、玉串案（台）の手前で一礼する。
2. 左手で榊の葉を支え、右手で半回転させる。
3. さらに回転させ枝元を祭壇に向けて、玉串案に供える。
4. 遺影に向かい、深く2礼、2拍手（音をたてない忍び手）、一礼する。

キリスト教：献花（けんか）

1. 花を一輪受け取る。
2. 両手で花を持ち、献花台に向かい一礼する。
3. 花が手前、茎が祭壇側になるようにして献花台に供える。
4. 正面を向いて黙祷。1～2歩下がり、深く一礼して席に戻る。

4．贈答のコーディネート

（1）贈答にかかわる秘書の仕事

　贈答（プレゼント）は贈り主のプレゼンテーションとも言われます。過剰な交際や、不要な贈答は控える傾向にはありますが、中元や歳暮など慣習化された贈り物も、「感謝やお礼の心を形にして伝え合う」という企業間のコミュニケーションとしての意味が込められています。秘書は、上司の手を煩わせることなく、適切なタイミングで、目的に適った贈答品を提案し、対応できるように常識を備えておく必要があります。贈る相手を思い浮かべ、負担に感じることなく喜んでもらえる物を贈りたいものです。

叙勲のお祝いを準備する

11月4日（月）

　秋の叙勲が新聞で発表になりました。紙面には、取引先、工藤茶園の会長である工藤幸一氏（81歳）が黄綬褒章を授章したとあります。木村専務にそのことを伝えたところ、次のような指示が出されました。

・工藤氏には日頃から親しくさせていただいているので、まずは社長名で祝電を打っておいてほしい。
・近日中にお祝いに上がりたいので、先方の秘書に電話をして都合のよい日を聞いておいてほしい。
・現金によるご祝儀のほかに、何か記念になるようなお祝いの品を見つくろっておいてほしい。

注：叙勲とは、国家または公共に対し功労のある人、社会の各分野における優れた行いのある人を表彰するもので、勲章と褒章があります。内閣府賞勲局が選考し、春秋叙勲及び褒章、文化勲章など、マスコミを通じて毎回その結果が大きく報道されています。黄綬褒章とは、業務に精励し民衆の模範であると認められた人に贈られるものです。

問題 専務の指示を受けて、どのような手順で対応したらよいでしょうか。考えられることを挙げてみましょう。

第7章　慶弔・贈答のコーディネート

(2) 贈答品手配の流れ

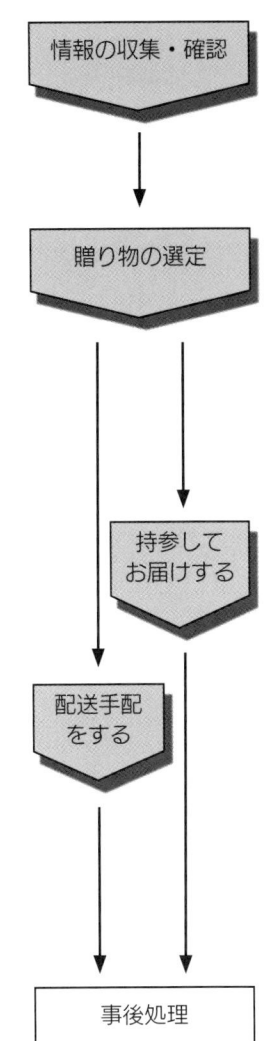

情報の収集・確認
- 相手(贈り先)との関係を確認する。
- 慶弔用途に合わせた慣習やしきたりを調べる。
- 前例があれば、その時の対処を参考にする。
- 贈る相手についての情報を得る。

贈り物の選定
- 予算に合わせて、目的に適った金品を選定する。
- 予算の範囲内で、何を贈ったらよいのか候補を挙げ、上司と相談の上、決定し手配する。
- 慶弔用途はもちろん、贈る相手の年齢、立場、家族構成なども考慮しながら選定する。
- 現金を贈る場合は慶弔規定と前例を調べ、上司に相談して金額を決める。

持参してお届けする
〈持参する場合〉
- お届けに上がる日を調整する(上司本人が届けるのか、秘書が代理でお届けするのか)。
- 祝儀であれば、吉日の午前中にお届けするように配慮する。

配送手配をする
〈配送する場合〉
- デパートなどから宅配の手配をする。
- 品物を送りっぱなしにすることなく、必ず送り状を別便で郵送する。用途によって、お祝い状、お礼状、お悔やみ状などの手紙やカードを添える。
- 贈り物の用途に合わせた熨斗紙(のし)をかける。

事後処理
- 配送にした場合も、お届けに上がった場合も、終了後に必ず上司に報告する。
- 次回の参考になるように、手配した内容を慶弔・贈答管理データベースに記録しておく。

慶弔・贈答管理データベース

　慶弔や贈答の授受に関する記録は、データベースとして蓄積しておくと、次回同様のケースが発生した場合に、正確かつ効率的に手配することができます。

〈データ化する項目例〉
- 贈り先・用途・年月日
- 贈答品(現金、品物、花、電報など)
- 予算金額・購入先・手配状況
- 挨拶状、礼状などの有無と控え
- 配車管理
- 接待内容、来訪者管理
- お返しの記録など

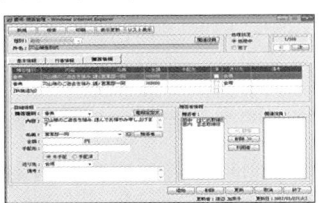

秘書室システム Olive
(開発元:株式会社シーエーシー)の
慶弔贈答管理画面例

（3）贈答品の選び方と贈り方

1）贈答の種類

　秘書業務に関連する贈答には、①就任や受賞、賀寿などの際の祝儀、②葬儀や法事などの供物、③年賀や中元・歳暮など季節の贈答品、④ゴルフコンペなどの催事・行事の景品、⑤病気や災害などの見舞い、⑥お世話になった方へのお礼、⑦訪問時に持参したり、来客に持ち帰っていただく土産などがあります。

　秘書は、上司の意向に沿って、それぞれの用途・状況にふさわしい贈り物を選定できるように、日頃から広く情報を得て常識を備え、進んで上司に提案できるようにしておく必要があります。普段から何事にも広く関心を持ち、「モノを見る目」、「モノの価値を見極める目」を養っておくことが大切です。

2）何を贈るのか

　相手との関係や状況にもよりますが、香典や見舞い、餞別（せんべつ）、寸志（目下の人へのお礼）などは現金で贈るのが一般的です。

　一方、品物を贈る場合は、以下のようなことを考慮しましょう。

① 贈る目的、記念品としての意味に適うものか、贈るタイミングが適当かどうか
② 相手の年齢や家族構成、趣味に合うものかどうか
③ 金額的にふさわしいものかどうか
④ 大きさや重さは適当か（持ち帰りの際のことも考える）
⑤ 病気見舞いの場合には、相手の迷惑にならないかどうか

贈り物のタブー

・病気見舞いに鉢植えの花を贈ることは避けましょう（根付く＝寝付くにつながることから）。他に、シクラメン（死苦を連想させる）や椿（首がポトリと落ちる）、匂いのきつい花や花粉が飛ぶ花もタブーです。
・櫛を贈ることは歯が欠けるので縁起が悪いとされています。
・新築祝いに「火」「火災」を連想させる灰皿やライター、ろうそくなどや赤い色の物を贈らないようにしましょう。
・結婚祝いには、包丁、グラスなど割れるものを贈りませんが、本人が希望する場合はその限りではありません。
・目上の人に靴下や下着など腰から下に身に付けるものを贈らないのがマナーとされています。もっとまめに働けという意味になるためです。

3）贈るタイミング

　贈答は、お祝いやお悔やみなどの気持ちを伝えるためにあるものですから、贈るタイミングが重要です。お祝い事は情報を得たら、できるだけ早めに手配しましょう。逆に、病気や災害などのお見舞いは時期を見て贈るべきです。お中元やお歳暮は季節の挨拶として定められた期間に贈りますが、万が一、遅れてしまった場合は、それぞれ「暑中見舞い、残暑見舞い」、「お年始」として贈ることも可能です。

第7章　慶弔・贈答のコーディネート

4）贈り方、渡し方

贈答の渡し方としては、上司が直接持参して渡すほか、秘書が上司の代理で訪問して渡すケースもあります。訪問のマナーを心得て、次のような手順で、失礼のないように振舞いましょう。

<直接お届けする場合、代理で訪問して渡す場合の注意>

① 事前に必ず連絡し、時間を守って訪問しましょう。
② 訪問したら先ず玄関を入ったところで軽く挨拶を交わし、代理で訪問した旨を伝えます。部屋へ通された後に正式な挨拶を交わして贈答品を手渡します。
③ 贈り物は風呂敷に包んで持参するのが正式ですが、包んだまま渡すのではなく、品物を取り出して、風呂敷はすばやくたたんで脇に置き、相手が受け取りやすい方向に向けて渡します。日常的なやり方ではありませんが、白木の盆に金封を乗せ、盆袱紗を上から被せた形で差し出すのが最も丁寧な渡し方となりますので、秘書業務に携わる人は覚えておくとよいでしょう。物を丁寧に扱うことによって、相手への敬意を表わすものです。
④ 紙袋、手提げ袋に入っている場合は、袋から出して渡します。
⑤ 渡す時には、必ず挨拶してから渡します。慶事の場合はお祝いの言葉、弔事の場合はお悔やみの言葉を述べ、代理でお届けに伺った際は、その旨を相手に伝えます。
⑥ 和室では、座布団の脇に座り、まず挨拶してから渡します。洋室の場合は、勧められた席に腰かける前に挨拶してから渡します。

<配送、郵送する場合>

デパートなど贈答品購入先から配送してもらう場合は、お礼状や挨拶状、カードなど手紙を包装の中に入れて配送してもらうか、別便で郵送します。歳暮や中元の品物だけを送りっぱなしにするのは、本来はマナー違反なので注意しましょう。品物に付ける熨斗紙の表書き、贈り主の名前を伝え、内熨斗（包装の中に熨斗紙をかけてもらう）、外熨斗（包装した上に熨斗紙をかけてもらう）の別も指定します。

5）お返しの仕方

お返しはいただいた物の3分の1から半分程度の予算で品物を選びます。災害見舞い、引越し、中元、歳暮にはお返しは不要です。また香典返しをいただいた場合の礼状も不要です。

6）贈答品をいただく時の注意

上司宛て、または秘書宛てに贈り物が届いた場合は、いただく理由を考えて受け取るかどうかの判断をしましょう。いただく謂れがない場合は、上司に相談し、失礼がないようにお断りしましょう。相手を不愉快にさせることなくお断りするのも、秘書に求められる能力のひとつです。

（4）祝儀・不祝儀袋の知識（熨斗と水引）

　丁重さの表現として「結ぶこと」「包むこと」「折ること」を大切にしてきた日本の伝統文化は、現代でも慶弔事や贈答の際に用いる熨斗袋や熨斗紙に見ることができます。祝儀袋や不祝儀袋を用意する、贈り物に熨斗紙をかけるなど、秘書業務には欠かせない知識を確認しておきましょう。

1）**熨斗**：熨斗とは、元来は「熨斗あわび」のことを言います。古来、お祝い事の時に海産物を付けて贈ったことに由来します。熨斗あわびは、引き延ばした鮑をイメージしています。不祝儀の時や、お見舞い、海産物を贈る場合には付けません。
2）**水引**：かつて贈答品を包装する際に、和紙に紅白の麻糸をかけたことに由来し、室町時代以降、盛んになり一般化したと言われています。お祝い事には金銀・紅白の糸などを用い、弔事には、黒白・黄白・銀糸を用います。繰り返しあって欲しいお祝い全般には、水引を「蝶結び、花結び」の形にし、結婚祝いと不祝儀には、「一度きりであってほしい」という意味から「結びきり」という水引の結び方を用います。
3）**表書き**：慶弔の用途に合わせて「御祝儀」「御香典」など熨斗紙や熨斗袋の上に書く言葉を熨斗の表書きと言います。祝儀の時には濃い墨で大きく書き、不祝儀の時は薄墨で（薄墨用の筆ペンなどを利用して）書きます。
4）**贈り主**：会社名で贈る場合は会社の正式名称、役職、氏名を略さずに記入します。連名にする場合は3名を限度とし、地位・年齢が上の人を右側から書いていきます。
5）**袱紗**：貴重品を運ぶ道中での埃よけとして用いられていた布のことです。いつしか儀礼を重んじる慶弔の金品贈答時の儀式用品として広蓋（黒塗りの盆）と合わせて用いられるようになり現在に至っています。袱紗を使用するということは、先方の「気持ち」や「まつりごと」を大切に考え、礼儀を重んじることを意味します。

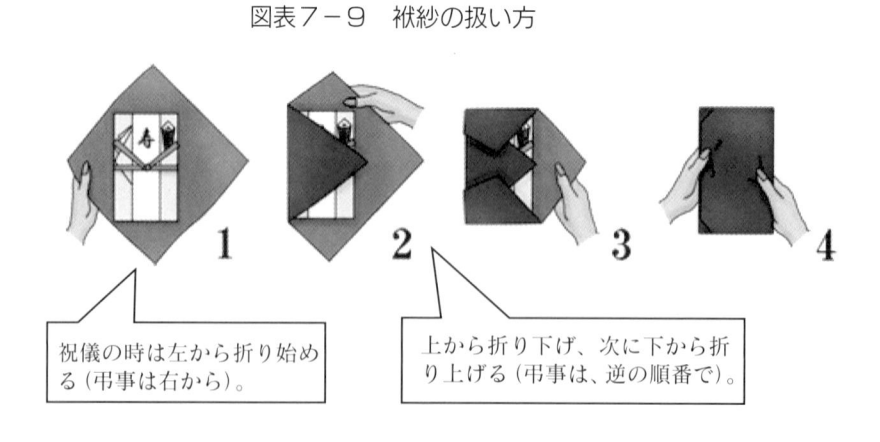

図表7-9　袱紗の扱い方

1　祝儀の時は左から折り始める（弔事は右から）。
2　上から折り下げ、次に下から折り上げる（弔事は、逆の順番で）。
3
4

第7章　慶弔・贈答のコーディネート

図表7-10　熨斗紙・熨斗袋の基本

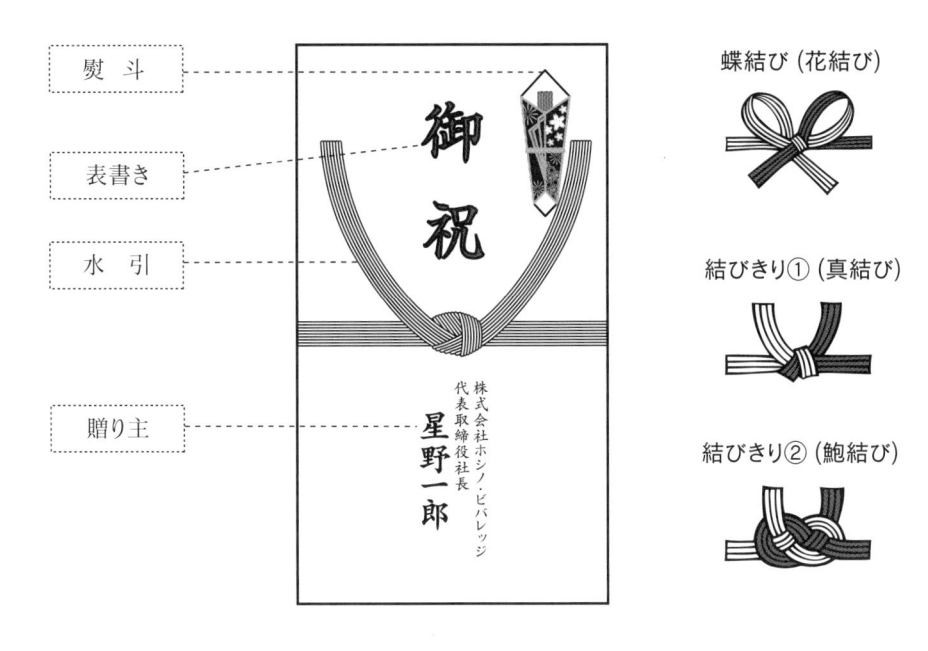

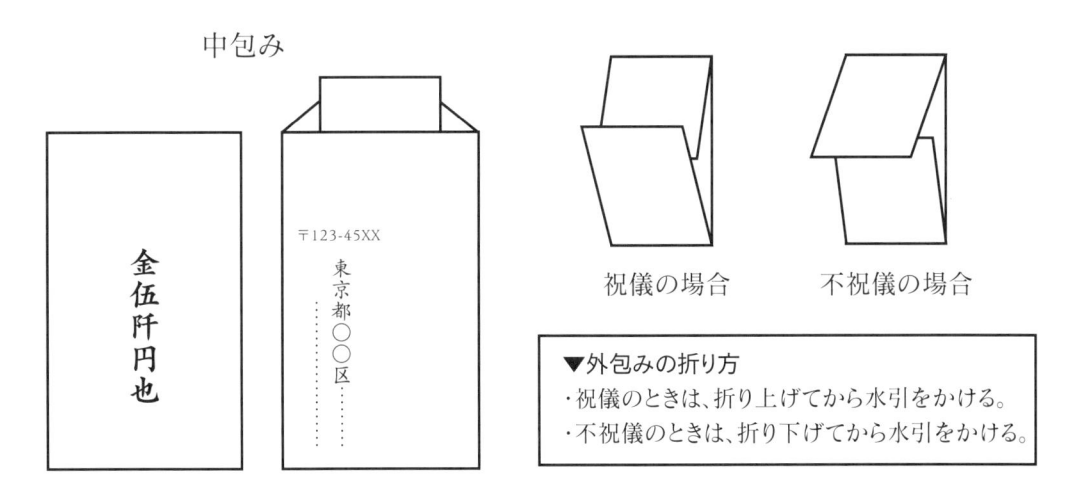

- 熨斗
- 表書き
- 水引
- 贈り主

御祝

株式会社ホシノ・ビバレッジ
代表取締役社長
星野一郎

蝶結び（花結び）

結びきり①（真結び）

結びきり②（鮑結び）

中包み

金伍阡円也

〒123-45XX
東京都〇〇区……

祝儀の場合　不祝儀の場合

▼外包みの折り方
・祝儀のときは、折り上げてから水引をかける。
・不祝儀のときは、折り下げてから水引をかける。

祝儀には新札を、不祝儀には使用済みのお札を入れる。
新札しかない場合は、折り目を付けてから入れる。

熨斗袋に使用される漢数字と文字
壱　弐　参　四　伍　六　七　八　九
拾　百　阡　萬
円　圓　金　也

図表7-11　贈答の用途に合わせた熨斗紙・熨斗袋の表書き

	用　途	表書き	備　考
慶事	新築、開業	御祝、御新築御祝、御開業御祝	表書きの4文字を嫌い、3または5文字に収める場合が多い。
	結婚	寿、御結婚御祝	知らせを受けたら早めに手配する。直接届ける場合は、挙式の1週間前までに、吉日午前中を選んで届ける。
	出産	寿、御出産御祝	産後1カ月くらいまでに贈る。
	賀寿	寿、寿福、御祝、長寿御祝	品物を贈る時は相手の趣味を考えて贈る。
	一般の祝い	御祝儀、御祝	合格、受賞、栄転などの用途に。
季節挨拶	年賀挨拶	御年賀、御年始、迎春	元旦から松の内（1月7日）までに贈る。
	寒中見舞い	寒中御見舞い	1月6日前後から立春まで。
	中元	御中元	7月初旬から15日までに贈る。これ以降は「暑中御見舞い」とする。
	残暑見舞い	残暑御見舞い	立秋（8月初旬）から9月初旬まで。
	歳暮	御歳暮	12月初旬から20日頃までに贈る。
見舞い	病気見舞い	御見舞い	熨斗、水引なしの白無地袋に入れる。
	火災見舞い	類焼御見舞い、近火御見舞い	現金、またはすぐに役立つ日用品を贈ることが多い。
	災害見舞い	災害御見舞い、御見舞い	現金、またはすぐに役立つ日用品を贈ることが多い。
弔事	仏式	御香典、御香料、御香華料、御霊前	一般的には、通夜には「御仏前」は使わないが、浄土真宗の場合は通夜から「御仏前」とし、「御霊前」は使わない。
	神式	御玉串料、御榊料、御神前、御霊前	
	キリスト教式	御花料、御花輪料、御ミサ料、御霊前	葬儀のほか追悼会、記念式などに持参。御ミサ料はカトリックのみに使用する。
	法要	御仏前、御供物料	
お返し	祝いのお返し	内祝	
	見舞いのお返し	快気祝、全快祝、快気内祝	
	弔事のお返し	志、忌明	忌明は仏式の場合のみ使用する。
その他	一般のお礼	御礼、謝礼、薄謝、寸志、粗品、御車代	「寸志」は、わずかな厚意という意味で、目下へのお礼の時のみ使用する。交通費をかけて来ていただいた方への心付け
	転勤・別れ	御餞別、御栄転御祝、御礼	目上の人へは御礼とする。
	祭礼への寄付	御奉納	
	僧侶へのお礼	御布施	
	神官へのお礼	御神饌料	
	景品、お土産	粗品、御挨拶	品物に熨斗紙をかけ、表書きする。

第7章　慶弔・贈答のコーディネート

■ 演習問題

(a) 以下は行事企画の失敗事例です。もし、あなただったらどのように危機予測しますか、また起きたことへの対処はどうすべきだったかを考えてみましょう。

ある会社の創立25周年記念イベントでの出来事

　日本フーズ株式会社では創業25周年を記念して、今人気のミュージシャンを呼んで屋外コンサートを開催することになりました。会場は緑山球場、2,000人は収容可能なので、急遽一般にも開放しようということになり、無料招待券を1,000枚配布しました。雨天の場合に備え、300人は収容できる隣接の体育館の仮押さえをしておきました。「そんなに沢山は来ないと思うので大丈夫だろう」という判断でした。

　ところが、当日は雨。予想に反して招待券を持参した500人もの人が開場時間前から列を作っています。これでは全員を収容することができません。雨の中、受付で1時間以上待っている人もいて、中には怒り出す人も出てきました。「一体どうなっているんだ！」「いつ入場できるんだ！」「本当に全員入れるのか？」などといった声があがり、受付担当者は「申し訳ございません」とただ謝るのみで一向に問題は解決しません。受付のひとりの「これは無料なんだから…」という態度が、ある客を怒らせる結果になりました。

(b) 服装マナーについての以下の記述で、誤っている箇所を指摘してみましょう。

① 招待状に「平服でお越しください」と書いてあったので、秘書のAさんは、上司に「普段着でお出かけください」とアドバイスした。

② 会社主催のパーティーで、秘書課員は受付スタッフとして参加することになりました。Aさんはパーティーの格を下げないように、できるだけ華やかな服装で出かけようと思っています。

③ 上司が、来週アメリカ出張の際に、現地法人のアメリカ人スタッフの結婚披露パーティーに出席することになりました。招待状には「インフォーマル」と記載されています。秘書のAさんは、上司がいつも着用しているブラックスーツ（略礼服）と白いネクタイを出張荷物として用意しました。

(c) 上司宛てに次のような英文のパーティー招待状が届きました。出欠の返信をしてみましょう。

> Mr. John Williams
> President of
> Beverage International in Canada
> requests the pleasure of the company of
> Mr. & Ms. Kimura
> at dinner
> on Thursday the 31st of September,
> at 6:30 p.m.
> at Aoi room of Tokyo Grand Hotel
> (Informal)
> R.S.V.P.
> with the enclosed postcard

＜出席の場合＞

> Mr. & Ms. Kimura
> (　　) with pleasure
> the kind invitation of
> Mr. John Williams
> to (　　) a dinner on
> Thursday the 31st of September
> at Tokyo Grand Hotel

＜欠席の場合＞

> Mr. & Ms. Kimura
> regrets that they are (　　) to accept
> Mr. John Williams'
> very kind (　　) for
> Thursday the 31st of September

第7章 慶弔・贈答のコーディネート

(d) 上司の代理で病気見舞いに行く

9月17日。上司から、「(仕事先の関係者)斉藤氏が市立病院に入院したそうだ。先日会った時、確かに調子が悪そうだったからなあ。今週はスケジュールが詰まっているし、来週は出張で余裕がないので、悪いが、見舞いを届けがてら一度様子を見てきてほしい」と言われました。「お見舞金のほかに、何か彼が喜びそうな見舞い品を見つくろって持って行ってほしい」とのことです。上司から指示を受けたAさんは、次のように行動しました。不適切な箇所を指摘し、本来はどうすべきだったかを考えてみましょう。

> まず、「御見舞い」と表書きした蝶結びの熨斗袋に見舞金を入れました。斉藤さんは甘いものが好きな方なので、老舗の菓子舗で最近評判のどらやきを購入、近所の花屋で清楚な白いユリの花束を購入して病院に向かいました。
>
> 病院に到着して、病室に向かおうとしたところ「面会時間は30分後からですよ」と看護師さんに声をかけられました。仕方がないので、病院のロビーで待つことにしました。また、花束を抱えていたところ、「当院では、病室にはお花を持ち込むことができない決まりになっていますので、こちらでお預かりします」と言われました。
>
> 30分後、病室に入り、寝ていた斉藤さんに「斉藤さん、お見舞いに伺いました」と声をかけました。「大丈夫ですか。確かに、顔色がお悪いようですね。上司からお見舞いを預かってまいりました」と言って、熨斗袋を手渡しました。
>
> Aさんは上司に報告するために、病状をできるだけ詳しく尋ねたところ、病名は初期の直腸ガンであることがわかりました。明後日に手術をするということです。しばらく病室にいましたが他に見舞い客もいなかったので、できるだけ長くいてあげたほうがよいと考え話し相手になっていました。しばらくして、ご家族がやってきたので、「それでは失礼します」と挨拶して帰ってきました。

(e) 以下のケースでは、熨斗の表書きをどのようにしますか。適切な表書きの言葉を（　　　）に入れてみましょう。
① 定年退職する人への贈り物　　　　　　　（　　　　　　　　　　　）
② 新しいビルが完成した会社へのお祝い　　（　　　　　　　　　　　）
③ 独立して事務所を開いた人へのお祝い　　（　　　　　　　　　　　）
④ 取引先の社員旅行に現金を寄付する時　　（　　　　　　　　　　　）
⑤ 会社創立者の法要を行う寺へ現金を寄付する時（　　　　　　　　　）

(f) 次のような場合は、どのように表書きすればよいでしょうか。下図に書き込んでみましょう。
① 上司の息子さんの大学入学祝いを秘書課員3名の連名で贈る場合
② Aさんと同期入社の総務部の田中緑さんの結婚祝いで、宛名を熨斗袋の左上に書いて、秘書課員3名の連名にして贈る場合
③ 上記お祝いを、多人数（総務部全員）で贈る時
④ 上司の代理で取引先の事務所開きにお祝いを届け、上司の名刺を熨斗袋に貼る場合（貼る位置を指定してください）

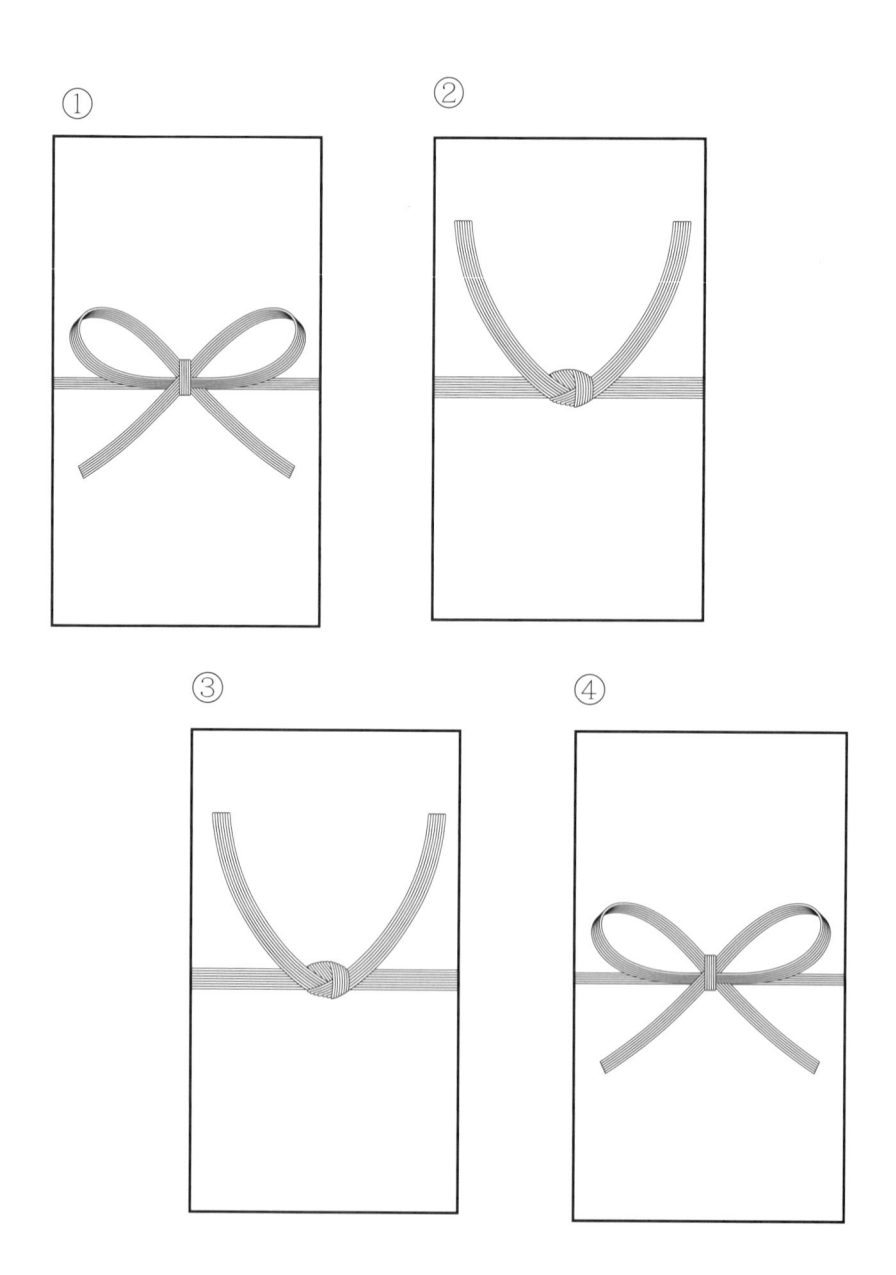

第8章　秘書の文書業務・情報管理
〜効率的な仕事をしよう〜

学習のねらい

　秘書の重要な仕事の一つに、文書に関する業務があります。それは、文書の受発信業務、文書の作成、文書の保管（ファイリング）などです。
　まず、通信文書の受発信業務について学びます。受信文書の種類に応じた適切な取り扱い方法や、発信文書の内容や目的に応じた適切な通信方法を身につけましょう。次に、社外文書や社内文書に求められる形式をマスターして、効率的かつ効果的な文書作成方法を学びます。
　最後に、受発信した文書をきちんと分類して保管しておくことで、必要な時にいつでも必要な文書を見つけられるようにするための、ファイリングなどの情報管理の方法について学びます。

1．秘書の通信業務

（1）通信文書の取り扱い

　通信事務には文書の受信業務と発信業務があります。上司宛に郵送・配布される文書は公文書や私信、社内文書、ダイレクトメールなど膨大な数にのぼります。上司が社内外に発信する文書もさまざまなものがあります。上司が自らこれらの文書の受信、文書作成、発信までを行っていては上司にとって大きな負担となってしまいます。秘書は上司に代わって文書の受信・発信を行ったり、場合によっては文書の作成や代筆などを行ったりして、上司の事務負担を軽減させるよう、努めなくてはなりません。

上司宛の郵便物や書類の取り扱い

　上司には毎日、さまざまな文書が届きます。Aさんは、とにかく上司にもれなく渡さなければならないと考え、1日に受信したものを、すべてひとまとめにして上司に渡していました。しかし、ある日上司から、「これでは量も多すぎるし、目を通すのが大変だ。君の方でなんとかしてくれないのか」と言われてしまいました。

問題　Aさんは上司宛の文書を上司に渡す前に、どのようなことをしておいたらよいでしょうか。郵便物や文書を受け取った後の段階から、考えてみましょう。

(2) 文書の受信の流れ

下の図は、上司宛に届いた郵便物や文書の取り扱い手順をまとめたものです。

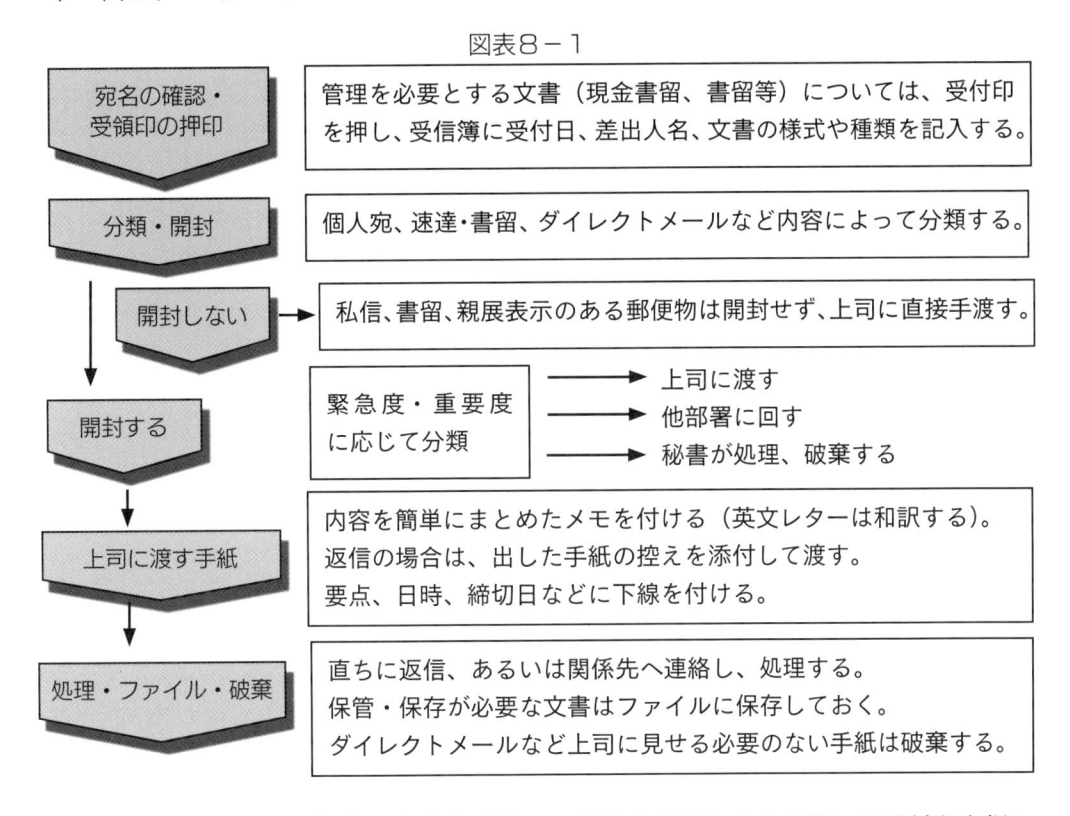

図表8-1

宛名の確認・受領印の押印	管理を必要とする文書（現金書留、書留等）については、受付印を押し、受信簿に受付日、差出人名、文書の様式や種類を記入する。
分類・開封	個人宛、速達・書留、ダイレクトメールなど内容によって分類する。
開封しない	私信、書留、親展表示のある郵便物は開封せず、上司に直接手渡す。
開封する	緊急度・重要度に応じて分類 → 上司に渡す／他部署に回す／秘書が処理、破棄する
上司に渡す手紙	内容を簡単にまとめたメモを付ける（英文レターは和訳する）。返信の場合は、出した手紙の控えを添付して渡す。要点、日時、締切日などに下線を付ける。
処理・ファイル・破棄	直ちに返信、あるいは関係先へ連絡し、処理する。保管・保存が必要な文書はファイルに保存しておく。ダイレクトメールなど上司に見せる必要のない手紙は破棄する。

① **宛名の確認・受領印の押印** 宛名を確認し、管理を必要とする文書には受付印を押し、受信簿に受信日、差出人名、文書の様式や種類を記入します。

② **分類・開封** 文書の種類によって開封しないものと開封するものに分けます。「親展」「書留」「私信」「秘」扱いのものは開封してはいけません。これらの文書は開封せずに上司に直接渡します。それ以外は開封してかまいません。開封する際は中身を切らないように注意しましょう。開封したら、文書にさっと目を通し、重要度や緊急度に応じて、上司に渡すもの、他部署に回すもの、秘書が処理・破棄するものに分けます。

③ **上司に手紙を渡す時の留意事項** 開封した文書を上司に渡す時には、封筒を文書の下に添付し、上司が目を通しやすいように束ねて渡します。その際、重要・緊急な書類を上にして渡しましょう。また、こちらから出した手紙の返信の場合は出した手紙の控えなどの必要書類を添えます。会議案内などは、上司が重要事項を見逃さないように要点・日時・締切日などに下線を付けます。その日時にすでに予定が入っている場合などは、その予定をメモしておくと出欠の判断がしやすくなります。

④ **秘書が処理・破棄する場合** 上司に渡さずに秘書が処理できるものについては、直ちに返信したり、あるいは関係先に連絡したりして処理し、ファイル保存しておきます。また、ダイレクトメールなど上司に見せる必要のない手紙は破棄します。

(3) 文書の発信

　文書の作成については、後で詳しく学習しますが、作成した文書を取引先などに送付する場合、まず誤字がないか、ミスがないかなどを必ず確認しましょう。また、宛名の書き方も葉書や封筒の種類によって異なりますので、正しい書き方を身につけましょう。発送方法に関しても、文書の内容やその形状、納期などを考えて最もふさわしい方法を選ぶことが大切です。内容物によって、「親展」、「書留」、「普通郵便」といった送付方法や、通信コストや安全性・確実性などを考慮した適切な発送方法を選択する必要があります。親展や機密文書は、封筒の表の左下に、「親展」、㊙の印を押し、封じめに〆印を書くか、封印を押します。必ず、記録に残る簡易書留などの方法で送付します。また、発信した文書は「発信リスト」に転記し、確認できるようにしておきましょう。

図表8-2　はがきの表書き　　　　図表8-3　封筒の表書き

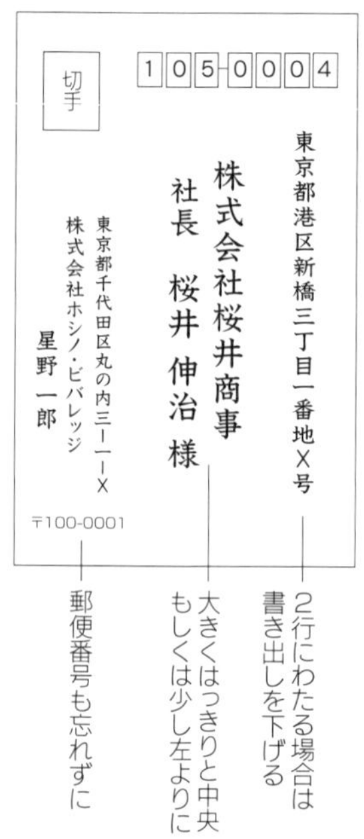

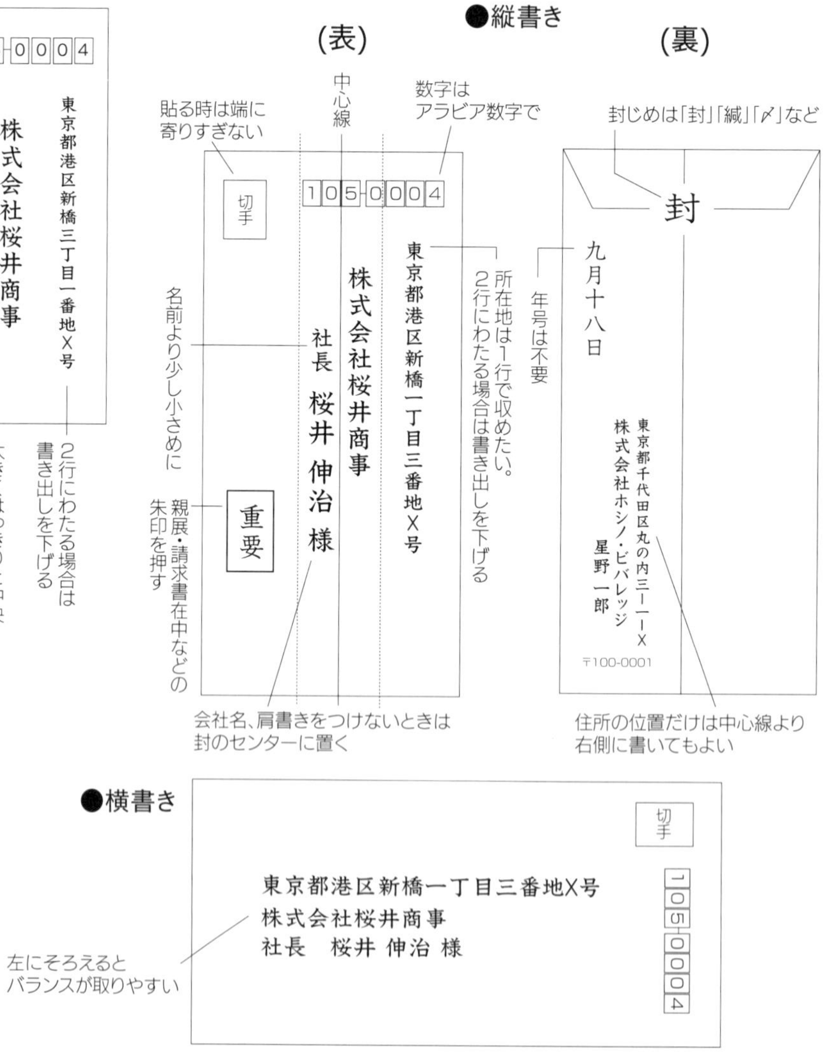

図表8-4　郵便発送の種類

① 一般郵便物　大きさや重さにより、大きく分けて「定形」と「定形外」に分けられます。3kgまでの書籍やカタログは「ゆうメール（旧冊子小包）」が経済的です。急ぎの書類は「速達」で送ります。

② **重要なものを郵送する場合**　記録に残る「書留」、「簡易書留」、「配達記録」「EXPACK500」などで送ります。現金を送る場合は「現金書留」を使います（手紙を同封することもできます）。

③ **大量に発送する場合**

料金別納 … 同一料金の郵便物を一度に10通以上送る場合に使用します。封筒一つひとつに切手を貼る必要はなく、封筒に料金別納の表示をし、まとめて料金を支払います。

料金後納 … 郵便物・荷物を毎月50通以上発送する時に使用できるシステムです。事前に承認が必要ですが、料金を1カ月分まとめて支払えるので、発送業務を効率化できます。

料金受取人払 … 差出人に負担をかけたくない時に使用します。事前に承認が必要で、所定の印刷（バーコード表示など）をした封筒やはがきを使用します。

区分郵便物 … 2,000通以上の同一の封書、はがきを一度に出す場合、郵便番号ごとに区分して差し出すと、料金が割引になります。請求書、納品書などを大量に送る企業で使われます。

郵便区内特別郵便 … 差出局と同一区内宛てにまとめて100通以上出す場合、料金が割引になります。

バーコード付郵便物 … 1,000通以上の同一の封書やはがきに、所定のバーコードを記載すると料金が割引になるシステムです。

広告郵便物 … 2,000通以上の同一内容のダイレクトメールを割引料金で郵送できるシステムです。

④ **海外に発送する場合**

「国際スピード郵便（EMS）」や「航空小包」、「船便小包」、「小型包装物」などを使用します。重要なものを送る時は、保険をかけることもできます。

※郵便システムは2009年2月現在のものです。それぞれのシステムには利用できる条件などが細かく決まっているので、事前に各自で調べて利用してください。

(4) 通信手段の選択

　送付先の相手や連絡の内容に応じて、手紙(郵便)・ファックス・電子メールなどの通信手段を使い分けなくてはなりません。電子メールは時間を問わず送受信できて便利ですが、面識のない方への依頼などに使用すると失礼になることがあるので、注意しましょう。ファックスも、送信先のだれが目にするかわかりません。記述内容には注意が必要です。また、大量の枚数を送る場合には迷惑になることがあるので、事前に電話で許可を取ってから送ります。

　カタログや書類(信書を除く)などを送付する場合には郵便以外にもメール便などの手段があります。「ゆうびんホームページ」や宅配便業者のホームページなどから常に最新の情報を入手しておくように努めましょう。

(5) 機密文書の取り扱い

　秘書の歴史は秘密の文書を扱うことから始まったと言われています。もちろん現在は、それ以外にも、さまざまな文書業務や文書業務以外の仕事も行っていますが、秘書が秘密にすべき重要な文書を扱うことにかわりはありません。秘書の手元には多くの機密文書が集まるので、その取り扱いには細心の注意が必要です。

　機密文書には、機密の重要度に応じていくつかの種類があります。機密文書の特性を十分に理解し、下に述べたような留意点に気を配りましょう。

図表8-5　機密文書の種類

極秘	会社の経営などに関する事項が含まれ、役員などごく少数の関係者以外には秘密にするもの。
秘	極秘ではないが、社内の一部の関係者以外の目には触れないようにするもの。
社外秘	会社の文書は基本的に社外秘であるが、特に注意を必要とするもの。
人事秘	人事に関する書類は、公示になるまでは機密として慎重に扱う。
課外秘	課内で機密として扱うもの。

■ 機密文書を扱う際の留意点

・人目につく場所に放置してはいけません。席を離れる時は必ず引き出しにしまいましょう。
・持ち歩く時は必ず封筒に入れます。本人に渡す際には受け取り印をもらうシステムをとっている会社もあります。その場合は受け取り印をもらいます。
・郵送する場合は、簡易書留扱いにし、親展表示をつけて本人以外が開封しないようにします。到着した頃、電話で確認するなど漏えいがないように注意して取り扱います。
・保管する際は鍵のかかる場所に入れ、破棄する場合はシュレッダーにかけます。ゴミ箱などにそのまま捨ててはいけません。

2．文書作成業務

　秘書が作成するビジネス文書は、各種報告書や稟議書、通達文書などの社内文書と取引先への社外文書や社交文書などの社外文書があります。ここでは、ビジネスにおいて必要とされる文書の作成方法を学びます。

(1) 社内文書の種類

　社内文書の構成は、社外文書と比べると簡略化されています。社内文書は、日常業務を円滑に行うためのものであり、用件を要領よく伝えることが最も大切です。社内文書には主に以下のような種類があります。

図表8-6　社内文書の種類

①稟議書	案件の決済や承認を上司や上部機関に対して求める文書
②報告書	出張報告書、調査報告書、日報などがあり、目的を明確にし、関係資料や情報を収集し、結論や重要事項を先に記述する文書
③通達文	人事異動、組織の再編成、社内規則の変更など、上層部で決定した命令や指示を下部に伝える文書
④連絡文	特定の相手に対し、仕事に関する事実や手段・方法を知らせる文書

コラム

電子メール

　高度情報化社会が進展し、職場環境も大きく変化しています。秘書は情報通信の変化に対応したコミュニケーション・メディアを選択し、その場に合った活用を行えるようにしなければなりません。パソコンの普及により、ビジネスの現場でも毎日多くの電子メールを取り扱っています。いつでも、（ネットワーク環境がある場所なら）どこでも、自由に送ることのできる電子メールは、非常に便利ですが、決して万能ではありません。社交のような場面では、やはり文書での発信が有効ですし、先方の微妙なニュアンスを確認しながらやりとりしたい場合は、電話や面談が適切です。それぞれのコミュニケーション・メディアの特性を生かした適切な使い道を選択しましょう。

（2）社内文書作成上の留意点

　社内文書は、用件を簡潔に要領よく伝えることがポイントです。1つの文書には1つの用件だけを書く「1文書1用件」の原則を守り、A4用紙1枚に横書きでワープロ打ちするのが一般的です。時候の挨拶など儀礼的な挨拶は省略し、敬語的表現、儀礼的な慣用句は簡略化するのが通例です。

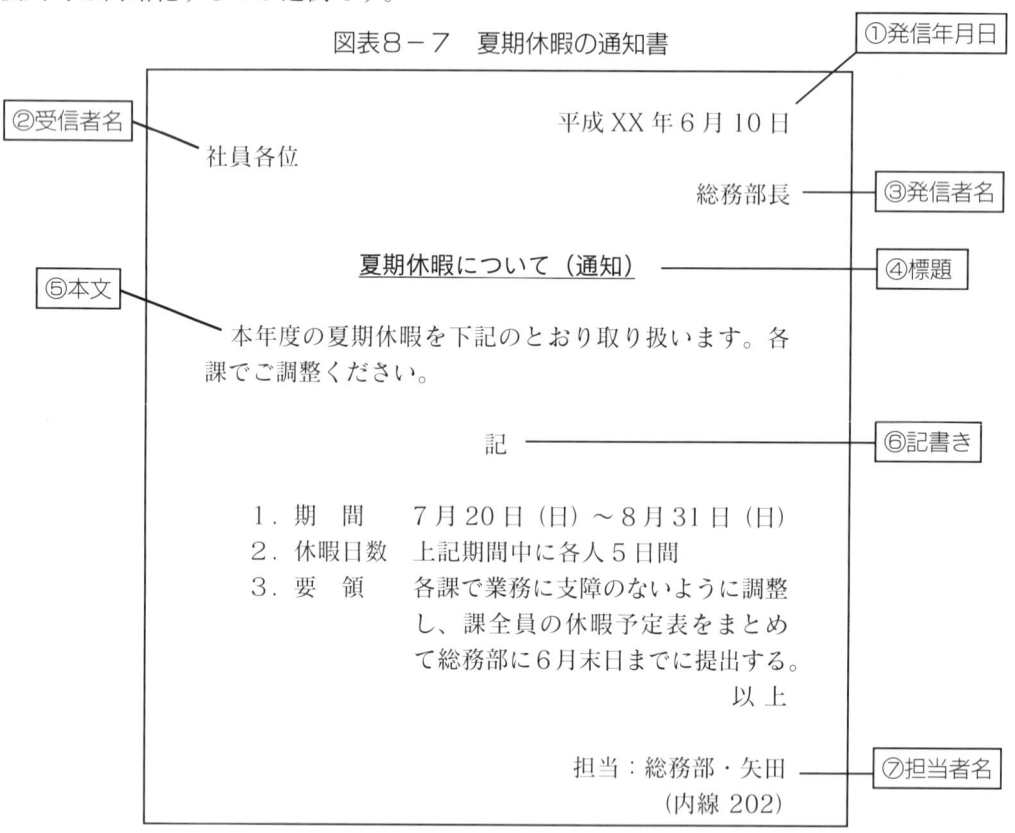

図表8-7　夏期休暇の通知書

```
                                     平成XX年6月10日  ──①発信年月日
②受信者名──社員各位
                                          総務部長   ──③発信者名

                        夏期休暇について（通知）     ──④標題
⑤本文──
       本年度の夏期休暇を下記のとおり取り扱います。各
       課でご調整ください。

                         記                        ──⑥記書き

         1．期　間　　7月20日（日）〜8月31日（日）
         2．休暇日数　上記期間中に各人5日間
         3．要　領　　各課で業務に支障のないように調整
                      し、課全員の休暇予定表をまとめ
                      て総務部に6月末日までに提出する。
                                             以　上

                                     担当：総務部・矢田 ──⑦担当者名
                                          （内線202）
```

① 発信年月日	…	文書の発信日を記します。西暦で表記することもあります。
② 受信者名（あて名）	…	一般的に職名で記載します。複数の場合は、「各位」を用います。
③ 発信者名	…	受信者名と同様に職名を用います。押印は不要です。
④ 標題（件名）	…	本文の内容をわかりやすく簡潔に示します。文書の性質を文尾に（　）内に書きます（「(回答)」「(通知)」など）。
⑤ 本文	…	社内文書の場合は、頭語・結語、時候の挨拶は書かず、用件を簡潔にまとめます。文体は、特定者にあてる場合は「です・ます」体を用い、不特定者にあてる場合（規定・通達など）は「である」体を使用します。
⑥ 記書き	…	要点を箇条書きでまとめます。「記」ではじめて「以上」で結びます。
⑦ 担当者名（発信者と別の場合）	…	内容の照会先として「以上」の下に書きます。内線番号やメールアドレスなどの連絡先もいれておきます。

　※　正式な文書には発信年月日の上に文書記号番号を入れます。上記のような簡単な文書では省略します。

第8章 秘書の文書業務・情報管理

（3）社外文書の種類

社外文書には、大きく分けて「取引文書」と「社交文書」があります。「取引文書」は、一般的な書式に従いますが、すでに文例集ができている企業もあります。また「社交文書」については、交友関係を広くもつ上司に代わって、秘書が社交文書を代筆することもあります。心を込めて書くことが大切です。

図表8-8　取引文書の種類

通知状	通知状には、取引先への休業日の通知や送金の連絡、入社希望者に対する採用試験の通知などさまざまな種類があります。情報を迅速かつ正確に知らせる文書です。
照会状	照会状は、取引条件、在庫状況、請求額などを問い合わせる目的で出す文書です。機密に関する場合は「親展」扱いとし、責任者に直接届くように配慮します。
依頼状 交渉状	依頼状は相手に何かと手間のかかることをお願いする文書のことを言います。交渉状は、意見や見解のズレが生じた時に、両者の一致点を見つけようと発信する文書です。
注文状 申入状	注文状は、商品を購入する目的で書く文書です。申入状は、相手の受け入れ承諾を申し込むための文書で、一定の契約を成立させたい時に発信する文書です。
承諾状	承諾状は、相手先の申し込み、依頼に対して承諾した旨を伝える文書です。ほとんどの場合が返書の形式になります。
断り状	断り状は、承諾状の反対で、申し込みや依頼に対して、断りの意思を伝える文書です。先方に嫌な思いをさせないように書くことが大切です。
請求状 督促状	請求状は、商品代金などの支払いを求めたり、資料の送付をお願いしたりする文書です。督促状は、契約上の債務を相手が履行しない場合に、それを督促するために発信する文書です。
抗議状	抗議状は、相手先が大きな過失を犯し、かつこちらの損害に対して何ら対処する姿勢を見せない時に発信する文書です。万が一、法的手段に訴えることになった場合の証拠書類となることもあるので、時には顧問弁護士と相談することが必要になります。
陳謝状	陳謝状は、弁解と詫びを含む謝意を相手に伝える文書です。具体的な事実を中心に誠意をもって書くことが大切です。

図表8-9　社交文書の種類

祝い状・悔み状	一般の社外文書とは異なり、儀礼的な内容ではなく、相手との関係を鑑みて心を込めて書く文書です。特に悔み状は、訃報に接したらすぐに送ることが求められます。
見舞状	祝い状・悔み状と同様に、より人とのコミュニケーションに焦点をあてた文書です。相手の喜ばしくない状況（災害や病気など）に対して出すものなので、事実をよくわきまえ、誠意を込めて書く必要があります。
礼状	相手の好意や心配りに対して感謝の気持ちを表わすための文書です。会社間では、主に祝賀状や見舞状の返書が礼状に当たります。
案内・招待状	案内状は、会合や行事などへの参加を促すものと、広報や宣伝を目的として出すものがあります。招待状は、特定の人に催し物や会合の開催を知らせる文書です。
挨拶状	社内での決定事項などを取引先や顧客、関係者に報告する文書です。ビジネス文書の中でも頻繁にやりとりされます。儀礼的なものなので、格式にのっとって書きます。
紹介状	知人を紹介するための文書なので、紹介する人・される人両方への配慮が必要です。

（4）社外文書作成上の留意点

　社外に向けての文書は、用件に入る前に、相手への礼儀として必ず挨拶文を述べます。頭語、頭語に合わせた結語、時候の挨拶、日ごろの感謝の挨拶など、形式的な言い回しが必要です。また、社内文書と違って、敬語表現や儀礼的な表現を用います。

　なお、見積書、請求書、納品書など取引上重要な文書には原則として公印を押印します。

図表8-10　カタログ送付の通知状

```
                                          H20 営業発第 21 号  ──①文書記号番号
                                          平成 20 年 11 月 10 日 ──②発信年月日
③受信者名──岡田商事株式会社
           業務課　○○　○○　殿
                                          ㈱ホシノ・ビバレッジ
                                          営業部第 1 営業課長  ──④発信者名
                                          △△　△△

                     カタログのご送付について ──⑤標題

⑥前文──拝啓　晩秋の候、貴社ますますご盛栄のこととお喜び申し上
         げます。平素は格別のお引き立てをいただき、厚く御礼申し
         上げます。
⑦主文──　さて、このたびはコーヒー飲料のカタログのご希望をいた
         だき、誠にありがとうございました。早速弊社扱い製品分の
         ものをおまとめしましたので、ご送付申し上げます。ご質問
         などがございましたら、担当の者がご説明にお伺いいたしま
         すので、お気軽にご一報いただけると幸甚に存じます。今後
         とも相変わりませずお引き立てのほど、心よりお願い申し上
         げます。
⑧末文──　まずは取り急ぎ、カタログ送付のお知らせまで。
                                                      敬具
⑨同封物──同封物　カタログ4種類　5部
                                                      以上
                                  担当者
                                  ㈱ホシノ・ビバレッジ
                                  営業部第 1 営業課　○△○△  ──⑩担当者名
                                  電話番号　○○ - ○○○ - ○○○○
                                  ○△○△@hoshino-beverage.co.jp
```

① 文書記号番号	…	文書を個別に識別するための記号です。正式な文書に用います。
② 発信年月日	…	文書の発信日を記します。西暦で表記することもあります。
③ 受信者名（あて名）	…	会社名、役職名、氏名を略さずに書きます。通常は「様」「殿」を使い、複数の場合は「各位」、会社や団体あての場合は「御中」を用います。
④ 発信者名	…	受信者名の次の行から右寄せにして書きます。受信者と同格程度の役職者名を書くのがマナーです。
⑤ 標題（件名）	…	本文の内容をわかりやすく簡潔に示します。

⑥ 前文	…	一行分空けてから書き出します。頭語(「拝啓」「謹啓」など)と時候の挨拶を書きます。
⑦ 主文	…	行を改めて一字下げ、「さて」などから書き始めます。用件のポイントをおさえ、簡潔に書きます。
⑧ 末文	…	行を改めて一字下げ、「まずは」などから内容のまとめと終わりの挨拶を兼ねる文を書きます。前文の頭語と対応して、最後に結語(「敬具」「謹言」)で結びます。
⑨ 同封物	…	資料などを同封する時は、名称と部数を追記します。また、本文を補足する場合は、「記」と中央に書き、内容を箇条書きにし、最後を「以上」で結びます。
⑩ 担当者名 (発信者と別の場合)	…	内容の照会先として「以上」の下に書きます。電話番号やメールアドレスなどの連絡先もいれておきます。

(5) 印鑑の種類と管理

社外文書には原則として社印を押し、文書の責任が会社にあることを明示します。ただし、正式でない文書や、社交文書には押印しないのが一般的です。社印は、書類の種類によって使い分けます。

図表8-11

代表取締役印 (代表者印、社長印)	企業で最も重要な印鑑です。法務局に届け済みの印鑑で、株式発行など重要な契約を行う時に使います。
組織印(社印)	「㈱ホシノ・ビバレッジ印」のように会社名を刻印したもので、角印の印鑑が多いです。
職印	専務、部長、支店長などの職名を刻印したものです。
銀行印	預金、手形、小切手などを使用する際に使用する印鑑です。
認印	一般的な書類の作成時や確認に使用します。

特に、代表者印のような重要な印鑑の管理は慎重に台帳を作って押印個数を管理します。企業では、使用する印鑑の種類、使用する人や取り扱い方法などについて規程を設けています。

《押印の例》

◆社印または職印のみを押印する場合

例　株式会社ホシノ・ビバレッジ[社印]　　(社印を社名の最後の字にかかるように押します)

例　株式会社ホシノ・ビバレッジ
　　　　専務　木　村　卓　夫[職印]　　(職印を名前の最後の字にかかるように押します)

◆社印と職印の両方を押印する場合

例　株式会社ホシ[社印]ビバレッジ
　　　　社長　星　野　一　郎[職印]　　(2行にかかるように中央に社印、名前の後に職印を押します)

3．ファイリング・情報管理

　近年では文書の電子化が進んでいますが、紙の書類のやりとりが完全になくなることはなく、紙の文書の整理や保管はいずれの企業でも必要です。ここでは紙の書類のファイリングについて学習します。

　文書の整理と保管は秘書の大切な業務のひとつです。利用頻度が少なくなった文書などは、保管場所を移動したり処分したりして、必要な文書を必要な時に利用できるように整理の仕方を工夫する必要があります。秘書は書類を抱えすぎず、どこにどのような書類があるのか、どの部署に問い合わせをすればよいのかを把握していることが求められます。また、名刺の管理も学びます。

（1）ファイリングのプロセス

　ファイリングには、一定の基準で書類を分類・整理して、保管・保存し、廃棄するまでのプロセスがあります。使用頻度の高い書類はオフィス内で保管し、使用頻度の低い書類はオフィス外の書庫に保存します。定められた保存期間を過ぎた書類は廃棄します。

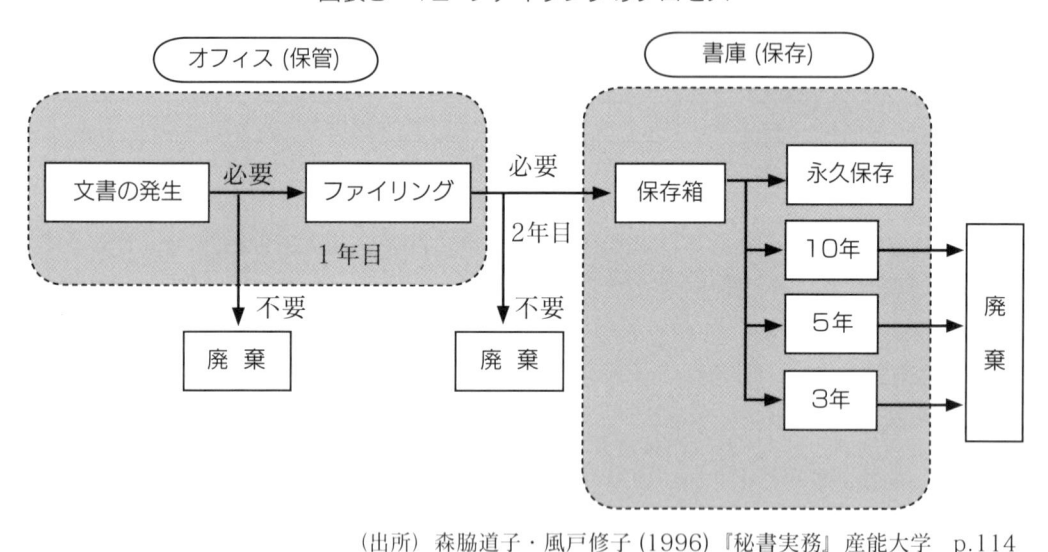

図表8−12　ファイリングのプロセス

（出所）森脇道子・風戸修子（1996）『秘書実務』産能大学　p.114

（2）ファイリングの用具

ファイリングの用具には下記のような種類があります。ファイリングの方法にはキャビネット式整理法(バーティカルファイリング)やボックス・ファイリングなどの方法がありますが、ファイリングの原則は共通です。効率的な文書管理に努めましょう。

図表8-13 ファイリング用具

フォルダー	厚紙を二つ折りにした書類ばさみです。見出しを書くための山（ミミ）が出ています。フォルダーに入れる文書は、取り出しやすいように原則として綴じずにはさんでおきます。一般的には、雑フォルダー、個別フォルダー、持ち出しフォルダー、ハンギングフォルダーが使われます。
ガイド	キャビネットの引き出しに並べたフォルダーの区切りをし、そのグループの見出しの役をする厚紙です。大見出し、小見出しの役目となる第1ガイドと第2ガイドがあります。
ラベル	フォルダーにはさんだ書類の内容を明示して、フォルダーの山に貼るシールです。色々な色があり、グループごとに色を変えるなど工夫します。
キャビネット	フォルダーを立てて収められる引き出し付きの収納棚のことです。
ファイルボックス	書類をフォルダーにはさみ、それをファイルボックスに入れ、棚やキャビネットに収納します。ファイルボックスごと持ち運びができ、保管・保存・廃棄の手続きがファイルボックスごとに容易にできます。

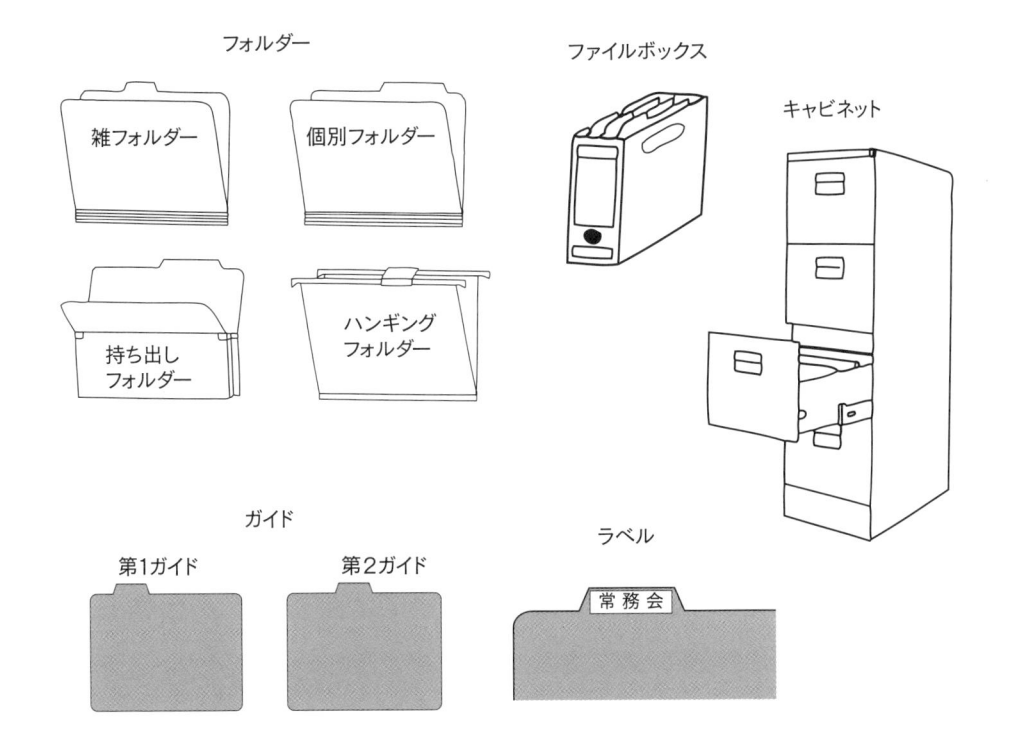

(3) ファイルのまとめ方

保管する書類を一定の基準によって分類し、おのおののファイルにまとめておく必要があります。一般的に次の5つのまとめの方法がよく利用されています。

図表8－14

相手先別整理	お客様単位に分類する方法です。手紙のような発信者と受信者がはっきりしている文書に適しています。
主題別整理	文書のテーマによって分類する方法です。資料や文献などの整理に適しています。
標題別整理	伝票や帳票化された文書や報告書などを、その文書の標題をタイトルにしてまとめる方法です（例：「注文書」「売上月報」）。
一件別整理	特定の取引や行事などに関する書類を最初から最後までまとめる方法です（例：「㈱ホシノ・ビバレッジ創立50周年記念式典」）。
形式別整理	文書量が少ない場合、「稟議書」「通知文」など文書の形式をタイトルにしてまとめる方法です。

(4) 名刺の整理

上司が受け取った名刺は、受け取った日付や場所、状況（出張先、来社、人の特徴など）を書き入れ、名刺整理箱等に整理して保管します。名刺の分類方法には、氏名別、会社別、地域別などの方法がありますが、秘書業務には氏名別に分類した方が便利です。

住所・電話番号・肩書きなどに変更があった場合には、すみやかにその名刺を最新のデータに訂正します。また、年に1度は、受領年の古い名刺や使わなくなった名刺を抜き出して、名刺を整理します。

数が膨大になる場合は、名刺読み取りスキャナを使用し、パソコンに情報を入力して管理することもあります。

■ 演習問題

(a)
> Aさんは木村専務から「大至急、総務部長にこれを渡してほしい」と言われ、㊙の印が押してある文書を預かりました。Aさんは、そのまますぐに総務部長に届けに行きましたが、あいにく総務部長は席にいませんでした。そこで、いったん自分のデスクに戻り、その㊙文書を封筒に入れ、封筒に㊙の印を押して、総務部長のデスクに置いてきました。

Aさんがとったこの対応は、㊙文書の扱いとしては適切ではありません。Aさんはどのようにすべきだったでしょうか。考えてみましょう。

(b) 営業部長から、「消費者1,000人にモニターのアンケート調査を郵送してもらいたいが、回収率は10％程度だろうから、経済的な返送方法で回収してもらいたい」と頼まれました。この場合、アンケート用紙を発送する際に同封する返信用封筒はどのようにすればいいか考えましょう。

(c) 上司が社外の会議から戻り、「会議資料を見ていなかったので困ったよ」と話しかけてきました。その資料は、主催者側が事前に電子メールで上司宛に送っていましたが、上司はそれを見過ごしたようです。今後同じことがないように秘書としてどのように対応すればよいでしょうか。

(d) 上司(営業部長)は、社内の販売促進研究委員長をしています。下記に示す文書は、秘書が上司の指示で作成したものですが、不適切な箇所が3箇所あります。どのように直せばよいでしょうか。

平成〇〇年8月20日

販売促進研究委員各位殿

営業部長

<u>第5回販売促進対策会議の開催について</u>

標記会議を下記の通り開催いたしますので、ご出席ください。

記

1．議題　各部門の新商品売上状況について
2．日時　9月2日(月)　11：00～12：30
3．場所　第三会議室

なお、資料は当日配布します。欠席の場合は事前にご連絡ください。

担当　岩瀬
(内線251)

以上

(e) 名刺整理箱の名刺を整理する場合、取り出して使用した名刺も新しくいただいた名刺も、ガイドのすぐ後ろに差し込むことになっていますが、それはなぜか考えてみましょう。

(f) 次の文書は、5つの分類方法のうちどの方法でファイリングするのが適当でしょうか。
　① 課長会議通知
　② 販売戦略会議の議事録
　③ 自動販売機器メーカーＳとの往復文書
　④ ＯＡ機器の取扱説明書
　⑤ 原材料仕入れ伝票

第9章 これからの秘書に求められる実務

> ## 学習のねらい
>
> 　これからの秘書の実務を「ビジネス状況の変化に応じて求められる秘書実務」と「いつの時代も必要とされる秘書実務」の2つの面から考えていきます。
> 　変化するビジネス状況と秘書実務を「企業に求められる役割の変化」、「エコ経営の実現」、「国際化の進展」、「サービス化の進展」、「情報化の進展」、「情報通信技術の進展」、「少子高齢化への対応」、「雇用環境・ワークスタイルの変化」、「トップマネジメントの重要性の増大」から考えます。一方、いつの時代も必要とされる秘書実務を「信頼感を獲得するための5つの要素」から考えます。
> 　これからの秘書に求められる実務の考え方を理解しましょう。

1.「変化するもの」と「変化しないもの」

　日本の企業を取り巻く環境は大きく変化してきました。盤石だと見られていた大企業が倒れ、大きな企業同士が合併しています。新しく起業した会社が急激に成長して、さまざまな事業を手がけるようになっています。私たちが日常生活で携帯電話を使いこなし、インターネットで世界にアクセスするなど、一昔前であれば考えられなかったビジネス状況が出現しています。このような変化はこれからも継続していくことでしょう。

　逆に、変化しないものもあります。人と人が寄り集まってチームを作って、協力して成果を出していくという仕事のしかたは、以前と大きな変化はありません。そのため、リーダーシップの発揮やメンバーシップの醸成に関する書籍が売れ続けています。不祥事が起こった時に法律にしたがって判断し、場合によっては裁かれることも昔から変化しないものです。

　秘書実務の内容も、このようなビジネス環境の変化を受けて変化する部分と、時代をこえて変化しない部分があります。ビジネス文書が電子メールになって、文書を作成するためにパソコンを操作することが求められるようになりました。しかしながら、文書に表現すべき項目は電子メールになってもビジネス文書と大きな変化はないのです。

　逆に、いままでの秘書実務に必要だとされていたものがなくなり、新しく必要な実務が加わることもあります。たとえば、秘書にはタイピングの実務が必要でしたが、その実務がなくなりパソコンの実務に置き換わっています。手書きで伝票を起こしていた実務がなくなり、システムに入力して処理するようになっています。しかしながら、伝票を処理する業務がなくなったわけではありません。

　プロフェッショナルとしての秘書実務は、「ビジネス状況の変化に柔軟に対応する秘書実務」と「信頼感を獲得できる基本に忠実な秘書実務」の両面を備えている必要があります。

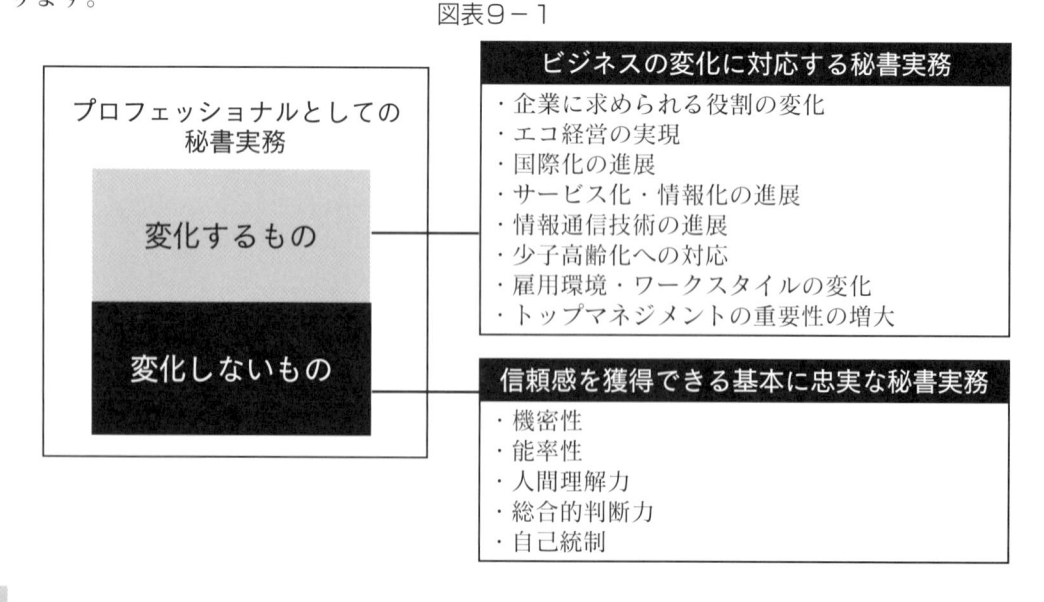

図表9－1

プロフェッショナルとしての秘書実務	
変化するもの	**ビジネスの変化に対応する秘書実務** ・企業に求められる役割の変化 ・エコ経営の実現 ・国際化の進展 ・サービス化・情報化の進展 ・情報通信技術の進展 ・少子高齢化への対応 ・雇用環境・ワークスタイルの変化 ・トップマネジメントの重要性の増大
変化しないもの	**信頼感を獲得できる基本に忠実な秘書実務** ・機密性 ・能率性 ・人間理解力 ・総合的判断力 ・自己統制

2．ビジネスの変化に対応する秘書実務

ビジネスの変化は多様で、秘書実務に影響を与える要素を考えてみましょう。

1）企業に求められる役割の変化

　企業は社会の一員として社会的に正しい活動をしなければなりません。ところが不祥事が相次ぎ、会計監査の充実や内部統制の強化が求められています。内部統制とは、企業が自らの業務を適正に遂行するための体制のことですが、法律の遵守のために社内規定を整備し、業務のマニュアル化を作成して守ることなどを言います。秘書実務にも社内規定に基づく実務があります。そのための知識や行動について理解しておく必要があります。

2）エコ経営の実現

　企業は地球温暖化に対する対策を行い、その結果を環境報告書として公表するようになっています。秘書実務でも、エコオフィスを実現するための活動が求められます。経営トップやマネジャーは、リサイクル・リユース・リデュース、省エネなどを率先して推進する役割を担っています。その補佐をする秘書実務にも環境マインドと実践的行動が必要です。

3）国際化の進展

　国内だけでビジネスをしている企業でも国際化と無縁ではありません。買収によって海外企業が株主になり、外国人が経営トップとなることもあります。さまざまなレベルで国際化は進展しています。企業経営者は国際化への対応に苦労しています。反面、国際化によって大きく脱皮する企業もあります。秘書は、欧米、アジア、ラテンアメリカ、アフリカなど、国際化に関する情報に敏感になる必要があります。

4）サービス化の進展

　サービス業で働く人口が増えることや、GDP（国内での生産額）に占めるサービス業の割合が増えることをサービス化と言います。製造業であっても、サービス的な業務に従事する人の割合が多くなっています。秘書実務はまさにサービス的な業務です。企業の強さはサービス業務の強さであると言っていいでしょう。上司の業務の品質の向上につながる秘書実務をめざすことが大切です。

5）情報化の進展

　「情報」の持つ価値が高くなることを情報化と言います。企業はさまざまな情報を扱っていますが、秘書は価値の高い情報を扱っています。機密性の高い情報は、他の企業にとって価値の高い情報です。情報管理（情報セキュリティ）のルールにしたがって、

機密性を保持する行動をとらねばなりません。自分では機密情報ではないと思っている情報の機密性が高いこともあります。経営の立場から、また企業外部の目で自分の仕事を見つめることができるようになりましょう。

6）情報通信技術の進展

情報通信技術（ICT：Information and Communication Technology）の進化には目を見張るものがあります。秘書の業務もコンピュータを使った業務が多くを占めるようになっています。新しいシステムを使いこなし、その特長を十分に活かした効率的で効果的な秘書実務を行うスキルを常に高めていきましょう。情報セキュリティに敏感になる必要があります。

7）少子高齢化への対応

日本をはじめ、先進諸国で少子高齢化が大きな問題となっています。少子高齢化に対応するために育児と仕事を両立することが必要です。企業もそのためのさまざまな制度を整備しています。育児をしながら秘書実務に携わる人も増えてくることが予想できます。その時に、秘書実務の能率を上げ、さまざまな状況に対応するための秘書同士の連携も必要になります。これからの秘書実務の課題でしょう。

8）雇用環境・ワークスタイルの変化

派遣社員や契約社員、正社員など、さまざまな雇用形態で働く社員が協力して仕事をする時代になっています。派遣社員や契約社員の秘書をおく企業もあります。働く人のワークスタイルも多様になっています。

9）トップマネジメントの重要性の増大

日本の企業にも経営トップを育てるしくみがあり、それが有効に機能していました。国際化が進展し、意思決定のスピードが要求される時代の経営トップを育てる方法が模索されています。経営トップの責任が重くなる時代にあって、経営トップに対するリスクも増大して、身の危険にさらされることもあります。経営トップと社外との窓口である秘書の実務においても、このようなリスクがあることを念頭におくことが大切です。電話応対や来客応対は基礎的な業務ですが、リスク対応の観点からもその重要性が高まっています。

これらは、秘書実務に影響を与えるビジネスの変化のごく一部です。これらの状況は時とともに大きく変化していきます。ビジネス環境の変化に適応して新しい職場に適応する態度、新しいスキルを習得する柔軟性がこれからの秘書実務に求められます。

3. 信頼感を獲得できる基本に忠実な秘書実務

　上司や社内外からの信頼感を得る秘書実務を実現できることが、プロフェッショナルとしての秘書実務であるといえます。信頼感を得るためには、秘書に求められている役割や期待を深く理解することが必要になります。サービスの品質は「探索的品質」、「経験的品質」、「信用的品質」の３つに分類されます。

　探索的品質とは情報を集めれば確認できる品質、経験的品質とはサービスを経験してみて理解できる品質、信用的品質とはサービスを経験してもわからないが不測の事態が起こった時に品質がよかったことが確認できるものです。

　秘書を採用する担当者の立場になって考えてみましょう。探索的品質とは、取得資格、就職試験の成績、文章力、面接での応対力などです。経験的品質とは秘書として働いてもらってわかる能力です。長期間のインターンシップで秘書実務の能力を把握できます。ところが、信用的品質とは長く働いてみないとその品質がわからないものになります。

　森脇道子『秘書概論』(1998年)では、信頼感を獲得できる秘書として、次の５つの要素を挙げています。

図表９-２　信頼される秘書の５要素

機密性	機密性を理解し、実務の中で機密を守ること
能率性	コスト意識をもち、正確な業務を行い、スピードとタイミングよく、品質の高い実務を実現すること
人間理解力	上司や社内外の関係者の考え方、感じ方、生き方を理解する力
総合的判断力	組織全体の立場に立って業務を推進する力
自己統制	自分で自分を律していく力

　機密性といっても、㊙の印がついた書類の扱いをルールに従って処理するレベルから、自分で判断して機密性を保持しながら利害の対立する関係者に適切に情報伝達するレベルまで、多くのレベルがあります。機密性を保持した秘書実務には、組織全体の立場に立って機密性があるかどうかを判断する総合的判断力が必要になります。

　このように、機密性、能率性、人間理解力、総合的判断力、自己統制はすべて関連した基本的な能力です。秘書実務の原点に戻って、高度な判断ができる秘書実務がこれからの秘書に求められる実務です。それぞれの企業の秘書実務の原則を深く理解する力が求められているといえます。なぜ、個々の業務のルールが作られたのか理解し、それを他の実務にも応用できる力が必要です。

4. プロフェッショナルとしての自己成長

　ビジネスの環境は常に変化しています。一見するとはたすべき秘書としての期待や役割も変化しているように見えるかもしれません。しかしながら、よく秘書実務を分析してみると、秘書に求められる実務の原則は変わらないことがわかります。信頼感を獲得するための秘書としての5つの要素は、それを考える時にヒントになります。

　基本をしっかり身につけて、状況に応じて柔軟に対応していくことがこれからの秘書に求められることです。人間的な要素は特に重要です。人と人が協力し合いながら仕事をしていくという原則はいつの時代も変わりません。人の話を理解し、自分の考えを伝える。人の気持ちを理解し、自分の気持ちを伝える。相手の気持ちに配慮して行動をする。信頼感を得るための基礎はこういった対人関係能力です。

　ストレスのかかる状況など、さまざまな場面で状況に応じた対人関係力が発揮できることが秘書実務の基本と言えます。

■ 演習問題

(a) オフィスの情報化がどのように進んでいるのか、企業で働く人へのインタビューやWebサイトで検索して情報を収集し、まとめなさい。調べた情報をもとに、秘書としての仕事のしかたで変化する部分と、変化していない部分を記述しましょう。

(b) 海外の企業と直接的あるいは間接的につながって企業のビジネスが成り立つ時代になっています。海外のお客様と取引する企業もあります。このように国際化が進む企業において秘書はどのような能力が求められているのか、記述しましょう。

(c) 秘書にマネジメント能力が必要な時代になったと言われています。自分が仕事をすること以外に、派遣社員の方に仕事を依頼してその結果が依頼どおりに仕事が進んでいるか管理することが求められています。マネジメントの書籍を調べて、どのような能力が必要か記述しましょう。

資料　秘書のビジネス教養

学習のねらい

　ビジネスの世界では、さまざまな人が仕事をしています。みんなが自分に与えられた役割をはたすため、一定の領域の中で業務を遂行しているのです。すべての業務に精通している人などいませんし、またその必要もありません。

　ただ、たとえ自分の専門外のことでも「何の話なのかまったく見当もつかない」ということでは高いレベルの仕事はできないのです。本章は、秘書として、またそれ以前にビジネスパーソンとして求められる常識的な知識を資料としてまとめました。

　こうした内容はビジネスに携わる者のいわば教養として求められています。「浅く、広く」でよいので、ぜひすべての領域に目を通してください。

資料編の構成

資料編は、原則として自学自習のための教材です。

PART 1　ビジネスの常識

● 内容

　ビジネスは、「ヒト」「モノ」「カネ」「情報」という４つの要素をさまざまに活用して利益を上げることを目的としており、これを経営の四大資源と呼びます。この四大資源、及び会社法務にかかわる基本事項を一問一答方式でまとめました。取り扱われている用語は専門用語というよりもビジネスの世界での常識に近く、秘書を目指す者にとっては、押さえておきたい内容です。また、資格試験や就職試験にも十分対応できるレベルになっています。

● 使い方

1. まず、PART 1 すべてに目を通し、自分の知らない言葉をマークして覚えましょう。
2. 次に、解答部分を紙などで隠し、問題文を読んですべてに答えてみましょう。
3. 答えられなかった問題文にしるしを付け、覚えるまで何度も続けましょう。

PART 2　コミュニケーションの常識

● 内容

　ビジネス・コミュニケーションの常識について、書き言葉・話し言葉の両方でまとめています。「自他の使い分け」は話し言葉、書き言葉どちらでも活用できます。「接遇でよく用いられる敬語表現」は秘書にとって大切な話し言葉で、他にも色々な表現が考えられますが、ここでは最も基本的な表わし方を学びましょう。「ビジネス文書でよく用いられる慣用表現」以降は、書き言葉に関する内容です。学生の段階でここまですべてマスターするのはたいへんですが、大事な文書を作るとき、見ながら活用してもいいでしょう。

● 使い方

1. 以下の３つについては、覚えるよう努力してマスターしましょう。
   ・自他の使い分け
   ・接遇でよく用いられる敬語表現
   ・ビジネス文書でよく用いられる頭語 ― 結語の組合せ
2. その他の項目は、一度すべて目を通しておき、必要に応じて活用しましょう。

資料　秘書のビジネス教養

PART 1　ビジネスの常識

ヒト － 企業の組織と人事

1. 企業の中で会社企業が機能的に持つ3つの特徴は？	営利性・法人性・社団性
2. 企業組織の永続性を表わす言葉は？	ゴーイング・コンサーン
3. 企業組織で戦略的意思決定を行う経営者層は？	トップマネジメント
4. 企業組織で戦術的意思決定を行う管理者層は？	ミドルマネジメント
5. 企業組織で業務的意思決定を行う監督者層は？	ロワーマネジメント
6. 仕事の内容別に部門を作る組織は？	職能別組織
7. 商品別や地域別に自己完結型で作る組織は？	事業部別組織
8. 各部門からメンバーを集め、臨時に組織されるチームは？	プロジェクト・チーム
9. 開発・製造・販売など直接的利益を生み出す部門の総称は？	ライン（直接部門）
10. 総務・経理・人事など直接的利益を生まないサポート部門の総称は？	スタッフ（間接部門）
11. 社内で使用している備品や事務用品を管理している部門は？	総務部門
12. 従業員の採用や教育、配置などを担当する部門は？	人事部門
13. 事業計画の策定や、決算業務を行う部門は？	経理部門
14. 社内ネットワークの維持管理やセキュリティを担当する部門は？	情報システム部門
15. 企業の活動や商品についての認知度を上げるための活動を行う部門は？	広報部門
16. 労働者の労働条件や服務規程などを定めた規則は？	就業規則
17. 人間が行動を起こすときの動機、またはその動機付けを表わす言葉は？	モチベーション
18. 従業員の労働意欲や士気のことを表わす言葉は？	モラール
19. 職場で実際の業務を経験させながら従業員を訓練する手法は？	OJT
20. 集合研修など、職場を離れて従業員を訓練する手法は？	OFF-JT
21. 従業員に計画的に各分野の職務を経験させ、能力開発する育成法は？	ジョブ・ローテーション
22. 会社に籍を置いたまま、関連会社などに長期間勤務することは？	出向
23. 一度雇用したら原則的に定年まで雇用を保障する慣行的な制度は？	終身雇用
24. 勤続年数が長くなるほど役職や給与が上がっていく慣行は？	年功序列
25. 担当者が案を作り、皆で閲覧して最終的にトップが決裁をする制度は？	稟議制度
26. 稟議のように下位者が提案し、上位者がそれを検討するやり方は？	ボトムアップ
27. 経営層の決定した方針を下位の者に指示・命令するやり方は？	トップダウン
28. 誰がやっても結果が同じになるような、やり方の決まった日常業務は？	ルーティンワーク
29. 労働時間の制約を受けず、業績に応じて給与等が決まる制度は？	裁量労働制
30. 労働者の賃金の額を年単位で決める制度は？	年俸制

モノ － マーケティング／生産管理	
1. 市場を性別や年齢等で分類し、それぞれ適した販売活動を行うことは？	市場細分化
2. 利益よりも消費者の動向をさぐるために運営される店は？	アンテナショップ
3. 社名やロゴマークなどで企業イメージの統一・向上を図る活動は？	ＣＩ活動
4. 商品の売り上げ強化を図る目的で実施される組織的な販売促進活動は？	キャンペーン
5. マスメディアに働きかけ、報道によって商品の認知を高める宣伝手法は？	パブリシティ
6. 商品やサービス内容について説明するための冊子型のチラシは？	パンフレット
7. 商品やサービス内容について説明するための一枚物のチラシは？	リーフレット
8. インターネットのホームページ上にある帯状の広告は？	バナー広告
9. パネルやポスター、ディスプレイ等、店頭に設置される広告は？	ＰＯＰ広告
10. 消費者ニーズに合わせた商品を開発するための商品化計画は？	マーチャンダイジング
11. 企業や個人に直接送る宛名広告は？	ダイレクトメール（ＤＭ）
12. ビジネス上の顧客、得意先等を表わすカタカナ語は？	クライアント
13. 代理店等が間に入った場合に要求される手数料は？	コミッション
14. 小売で採用される販売時点情報管理システムをアルファベットでは？	ＰＯＳ
15. 一定期間の無条件解約を認める消費者保護のための制度は？	クーリング・オフ
16. 小売業者が保有するブランドは？	プライベート・ブランド
17. 製造業者が保有するブランドは？	ナショナル・ブランド
18. Ｒ．ホールが提唱した人がモノを買う時の心理プロセスを表わす法則は？	ＡＩＤＭＡの法則
19. 小売業で本部が各店舗を統一ブランドで統制するチェーン展開は？	フランチャイズ・チェーン
20. それぞれのブランドで共同仕入れ等を行うチェーン展開は？	ボランタリー・チェーン
21. 高齢者をターゲットに商品やサービスを提供する事業は？	シルバービジネス
22. 製造部門における品質管理活動は？	ＱＣ活動
23. 品質管理を非製造部門も含め全社的に広げた活動は？	ＴＱＣ
24. ＴＱＣを更に進め、企業活動全般で行う総合的品質経営は？	ＴＱＭ
25. 無欠点運動とも呼ばれる仕事上のミスをなくすための活動は？	ＺＤ運動
26. トヨタ自動車が開発した、在庫を持たない生産管理の方式は？	かんばん方式
27. コンピュータを利用した設計・デザインのシステムは？	ＣＡＤ
28. コンピュータを利用した製造のシステムは？	ＣＡＭ
29. 相手先ブランドで製品を供給することをアルファベットでは？	ＯＥＭ
30. 生産者が商品の欠陥を公表して商品を回収することは？	リコール

カネ － 企業会計／税務

1.	企業の財務状況を正確に表わすため法律に則って行う会計は？	財務会計
2.	経営上の意思決定のためのデータとして作成する会計は？	管理会計
3.	一定期間の損益を計算し、企業の経営成績を表わしたものは？	損益計算書
4.	一定時点の企業の財務状況を表わしたものは？	貸借対照表
5.	貸借対照表や損益計算書等、決算時に作成される書類を総称すると？	財務諸表
6.	営業の収益から費用を引いた、企業の本業による利益は？	営業利益
7.	営業利益に金融上の収支を加えて計算した利益は？	経常利益
8.	経常利益にその期の特別な収支を加えて計算した利益は？	税引前当期純利益
9.	税引前当期純利益から納付すべき税金を差し引いた後の利益は？	当期純利益
10.	預金、受取手形、売掛金など1年以内に現金化できる資産は？	流動資産
11.	土地や建物、機械など、複数年度使用する資産は？	固定資産
12.	固定資産に生じる価格の減少を償却費として積み立てることは？	減価償却
13.	商品等の実際の在庫量を帳簿と照合して調べることは？	棚卸し
14.	株式会社が長期資金を調達するために発行する債券は？	社債
15.	親会社と子会社、関連会社を含めて決算することは？	連結決算
16.	当座預金を持つ振出人が受取人への支払いを銀行に委託した証券は？	小切手
17.	振出人が一定の期日に一定金額を支払うことを約束した証券は？	約束手形
18.	振出人が一定の期日に一定金額を支払うことを名宛人に委託した証券は？	為替手形
19.	手形所持人が権利譲渡のため裏面に必要事項を記入・押印することは？	裏書
20.	期日前の手形を銀行に持ち込み、一定の利息を支払い現金化することは？	割引
21.	期日が来たにもかかわらず、決済できない手形は？	不渡手形
22.	個人の所得に対して課せられる国税は？	所得税
23.	法人の所得（利益）に課せられる国税は？	法人税
24.	一定期間の所得額や控除額を申告して税金を納めることは？	確定申告
25.	企業などが税務署にかわって税金を徴収し、税務署に納付することは？	源泉徴収
26.	企業が源泉徴収している所得税額の過不足分を年末に精算することは？	年末調整
27.	土地や建物、工場などの固定資産に課せられる地方税（市町村税）は？	固定資産税
28.	事業を行う法人、個人に課せられる地方税（都道府県税）は？	事業税
29.	証書・契約書等を作成する際に課せられる税金は？	印紙税
30.	課税対象額が大きいほど高い税率を適用する課税方式は？	累進課税

情報 - ネットワーク／Eビジネス／情報倫理

1.	情報通信技術をアルファベット3文字で表わした言葉は？	ＩＣＴ
2.	ネットワークを構築する際の通信上の手順・約束を表わす言葉は？	プロトコル
3.	インターネットで採用されている通信手順は？	ＴＣＰ／ＩＰ
4.	インターネットの回線接続を請け負う事業者は？	プロバイダー
5.	同一企業内、敷地内で構築された情報通信ネットワークは？	ＬＡＮ
6.	インターネット技術を利用したＬＡＮを特に何と呼ぶ？	イントラネット
7.	インターネット上に作られた仮想の商店街は？	バーチャルモール
8.	ネット事業者が通信販売ルールを遵守していること等を認定するマークは？	オンラインマーク
9.	カード型とネット型がある、貨幣価値を電子情報化した経済手段は？	電子マネー
10.	ネットワークの内部を守るために設置されるセキュリティ上の仕組みは？	ファイアウォール
11.	ＷＷＷサーバ上にあるWebページの住所を記述したものは？	ＵＲＬ
12.	情報ネットワークを活用した時間、場所にとらわれない働き方は？	テレワーク
13.	テレワークの一種で、かつて企業が地方都市等にオフィスを構えた形態は？	サテライトオフィス
14.	テレワークの一種で、現在主流になっている自宅等を利用した形態は？	ＳＯＨＯ
15.	ネットワークの弱点をつき、不正にアクセスする行為は？	ハッキング
16.	オフィスのゴミ収集など、社会的手段を用いて不正アクセスする行為は？	ソーシャルエンジニアリング
17.	システムに何らかの被害を及ぼすことを目的として作られたプログラムは？	コンピュータウイルス
18.	プライバシーの視点から厳重な管理が求められる個人を識別する情報は？	個人情報
19.	個人情報を適切に取り扱っている企業・団体を認定するマークは？	プライバシーマーク
20.	知的生産活動によって生み出された価値を守るための権利は？	知的財産権
21.	知的財産権のうち、主に産業目的で生み出された価値を守る権利は？	産業財産権
22.	知的財産権のうち、主に文化目的で生み出された価値を守る権利は？	著作権
23.	産業財産権のうち、発明を保護する権利は？	特許権
24.	産業財産権のうち、アイデアを保護する権利は？	実用新案権
25.	産業財産権のうち、工業デザインを保護する権利は？	意匠権
26.	産業財産権のうち、商品名や企業のロゴなどを保護する権利は？	商標権
27.	著作者が自分の著作物を一定条件下で使ってよいと意思表示するマークは？	自由マーク
28.	自分の姿をみだりに公表されたくないという気持ちを守るための権利は？	肖像権
29.	ネット上で他人に嫌な思いをさせないよう守るべきエチケットは？	ネチケット
30.	機種により表示が変わるので、メールで使わない方がよいとされる文字は？	機種依存文字

資料　秘書のビジネス教養

会社経営と法律

1.	会社の設立・運営のルールを定めた法律は？	会社法
2.	出資者と経営者、社員が建前上分離している有限責任の会社は？	株式会社
3.	経営を行う無限責任社員と資本を提供する有限責任社員からなる会社は？	合資会社
4.	無限責任社員のみで構成された会社は？	合名会社
5.	利益配分を自由に設定できる有限責任社員の会社は？	合同会社
6.	会社法施行後は設立できなくなったが、特例として存続している会社は？	有限会社
7.	法律上の権利関係を明確にするため登記簿に必要事項を記入する手続きは？	登記
8.	組織や運営に関する基本事項を定めた会社の憲法とも言われるものは？	定款
9.	株式会社の最高の意思決定機関は？	株主総会
10.	株主総会の事務を担当する会社の部署は？	総務部
11.	株主総会で選出され、会社の経営を担う役員は？	取締役
12.	株式会社の経営上の意思決定を行う機関は？	取締役会
13.	取締役会で選出され、会社の代表となる役員は？	代表取締役
14.	経営に対してのアドバイザー的な役割を担う人に見られる役職名は？	顧問／相談役
15.	取締役の一員で、日常の経営業務を行う人に見られる役職名は？	常務取締役
16.	会社の会計や事業運営が適切に行われているかをチェックする役職は？	監査役
17.	会長、社長、副社長、専務、常務などを総称するときの一般的呼称は？	重役
18.	株式の購入という形で資本を提供する株式会社の持ち主は？	株主
19.	証券取引所で株が売買されている会社は？	上場会社
20.	他の株式会社を支配する目的でその会社の株式を保有する会社は？	持株会社
21.	再建の見込みのある株式会社の再生手続きについて定めた法律は？	会社更生法
22.	特定企業や業界が自由競争を阻害することを禁止した法律は？	独占禁止法
23.	製造物の欠陥について製造者の責任を問える消費者保護のための法律は？	製造物責任法
24.	労働者の最低の労働条件について定めた法律は？	労働基準法
25.	事業主が採用、昇進、解雇等を性差に偏って行うことを禁止する法律は？	男女雇用機会均等法
26.	5,000人以上の個人情報を取り扱う事業者の義務を定めた法律は？	個人情報保護法
27.	計画－実行－検討を繰り返す経営管理の基本手法は？	ＰＤＳサイクル
28.	モットー等とも呼ばれる、会社のあるべき目標を言葉で表わしたものは？	社是／経営理念
29.	自社の強みと市場のニーズによって決まる企業の事業領域は？	ドメイン
30.	事業領域の幅を広げ、複数の業種を同時に経営することは？	経営の多角化

PART 2 コミュニケーションの常識

自他の使い分け

基本語	尊敬語	謙譲語
行く	いらっしゃる 行かれる	伺う 参る
来る	いらっしゃる おいでになる おみえになる	伺う 参る
する	なさる	いたす
いる	いらっしゃる	おる
言う	おっしゃる 言われる	申す 申し上げる
聞く	お聞きになる 聞かれる お耳に入る	伺う 拝聴する 承る
食べる	召し上がる	いただく
与える	くださる	差し上げる
もらう	お納めになる お受けになる	賜る いただく
知る	お知りになる ご存じ	存ずる 存じ上げる
会う	お会いになる 会われる	お目にかかる お会いする
訪ねる	おいでになる いらっしゃる	お訪ねする おじゃまする
思う	お思いになる	存ずる
見る	ご覧になる	拝見する
尋ねる	お尋ねになる	お尋ねする 伺う

基本語	相手側	自分側
本人	○○様 貴殿 貴職	私(わたくし) 小生 小職
会社	貴社 御社	当社 小社 弊社
団体	貴会	当会
土地	貴地	当地
銀行	貴行	当行
学校	貴校	当校
店舗	貴店	当店
手紙	ご書面 貴信	書状 書中
物品	佳品	粗品
意見	ご高見 ご高説 貴見	私見 愚見
配慮 好意	ご芳情 ご厚情 ご高配	微意
家族	皆々様 ご一同様	一同 家族一同
夫	ご主人様	主人
妻	ご令室様	家内
息子	ご令息様	息子
娘	ご息女様	娘
父	ご尊父様	父
母	ご母堂様	母

※ 相手の動作を表わす動詞には、尊敬語、自分の動作を表わす動詞には謙譲語を用いる。
　名詞も相手側か自分側かで用語を使い分ける。

資料　秘書のビジネス教養

接遇でよく用いられる敬語表現（話し言葉）

1. どなたですか？　→　どちらさまでしょうか？
2. 約束していますか？　→　お約束をいただいておりますでしょうか？
3. ちょっとお待ちください。　→　少々お待ちくださいませ。
4. 今、いません。　→　ただいま席を外しております。
5. そうです。　→　さようでございます。
6. ありません。　→　ございません。
7. ○○さんが来ました。　→　○○様がいらっしゃいました（お見えになりました）。
8. 3時頃に行きます。　→　3時頃に伺います。
9. △△（上司）に言っておきます。　→　△△（上司）に申し伝えます。
10. わかりました。　→　かしこまりました。
11. どうぞ、食べてください。　→　どうぞお召し上がりください。
12. 見せてもらいます。　→　拝見いたします（見せていただきます）。
13. すみませんが　→　申し訳ございませんが（恐れ入りますが）
14. □□さんを知っています。　→　□□様を存じ上げております。
15. 見てください。　→　ご覧ください。
16. どうしましょうか？　→　いかがいたしましょうか？
17. 私にはわかりません。　→　私にはわかりかねます。
18. そんなことはできません。　→　そのようなことはいたしかねます。
19. 教えてもらえませんか？　→　お聞かせ願えませんでしょうか？
20. ☆☆（上司）はすぐ来ます。　→　☆☆（上司）はただいま参ります。
21. 後で連絡します。　→　後ほどご連絡を差し上げます。
22. 知っていますか？　→　ご存知でしょうか？
23. 会えて嬉しいです。　→　お目にかかれて光栄に存じます。
24. 入ります。　→　失礼いたします。
25. もう一度言ってくれませんか？　→　（恐れ入りますが）もう一度おっしゃっていただけませんか？
26. 用件を聞いてもいいですか？　→　ご用向きをお伺いしてもよろしいでしょうか？
27. とんでもない。　→　とんでもないことでございます。
28. 上司から言われています。　→　上司から申しつかっております。
29. 承知してください。　→　ご了承くださいませ。
30. いいですか？　→　よろしいでしょうか？

ビジネス文書でよく用いられる慣用表現（書き言葉）

1. いつもは → 日頃は（平素は）
2. たいへんお世話になり → ひとかたならぬ（格別の）ご高配を賜り
3. どうもありがとうございます。 → 厚く御礼申し上げます。
4. 手紙を受け取りました。 → 貴信（ご書面）拝受いたしました。
5. 書類を同封したので受け取ってください。 → 書類を同封いたしましたので、ご査収ください。
6. 品物を受け取ってください。 → 粗品ですが、ご笑納ください。
7. そちらに行った時には → 貴地にお伺いした折には
8. 来てくれるのを待っています。 → ご来臨をお待ち申し上げます。
9. 何とか都合をつけて → 万障お繰り合わせのうえ
10. うちにも来てください。 → 拙宅にもお越しください。
11. どうかお体を大切にしてください。 → どうかご自愛ください。
12. 聞いたところによると → 承りますれば
13. 亡くなられたとのこと → ご逝去との由
14. お悔やみの気持ちを表わします。 → 謹んで哀悼の意を表わします。
15. 心からお詫びします。 → 衷心よりお詫び申し上げます。
16. 私のことについてですが → 私儀（私こと）
17. 努力するつもりです。 → 鋭意努力する所存でございます。
18. 仕事を頑張るつもりです。 → 業務に精励する所存でございます。
19. 指導し、励ましてください。 → ご指導ご鞭撻のほどお願い申し上げます。
20. 簡単ですが → 略儀ながら
21. お手紙で → 書中をもって（書中にて）
22. 急いで → 取り急ぎ（とりあえず）
23. お礼とご報告をします。 → お礼かたがたご報告申し上げます。
24. 今度は → このたびは
25. 忙しいところすみませんが → ご多忙中（ご多用中）恐縮でございますが
26. 同じように喜ばしく存じます。 → ご同慶の至りに存じます。
27. 最後になってしまいましたが → 末筆ながら
28. 大きなミスもなく → 大過なく
29. 注文をしてくださるよう → ご用命（ご注文）を賜りますよう
30. 気にかけないでください。 → ご放念ください。

ビジネス文書でよく用いられる時候の挨拶

1月	新春の候	厳寒の候	お健やかに新春をお迎えのことと拝察いたします。
2月	余寒の候	残寒の候	余寒なお厳しい今日この頃でございます。
3月	早春の候	春寒の候	日増しに温かさを感じる今日この頃でございます。
4月	陽春の候	春暖の候	過ごしやすい季節となりました。
5月	若葉の候	薫風の候	緑が目に鮮やかな季節となりました。
6月	初夏の候	麦秋の候	梅雨の長雨が続いております。
7月	盛夏の候	猛暑の候	暑さが厳しくなってまいりました。
8月	晩夏の候	残暑の候	立秋とは名ばかりの暑さが続いております。
9月	初秋の候	新秋の候	ようやく朝夕の過ごしやすい季節となりました。
10月	仲秋の候	秋冷の候	秋色いよいよ深まってまいりました。
11月	晩秋の候	霜降の候	日に日に寒さが加わってまいりました。
12月	初冬の候	師走の候	暮れもはや残り少なくなってまいりました。

※「時下」はこの頃という意味で、季節に関係なく使用できる言葉。

ビジネス文書でよく用いられる頭語 ― 結語の組合せ

用　途	頭　語	結　語
一般的な手紙（往信）の場合	拝啓	敬具
一般的な手紙（返信）の場合	拝復 ／ 復啓	敬具
格式を重んじる手紙の場合	謹啓	敬白 ／ 敬具
急用の場合	前略	草々

※前略－草々の組み合わせを使った場合は、時候の挨拶(前文)は書かない。
　(例) 前略　取り急ぎお問い合わせいたします。

※苦情や問い合わせの文書は、切迫した状況を示すため、前略で始める場合が多い。
　(例) 前略　先般来ご請求しております売掛金、本日までお振込みがなく、当社といたしましても困惑しております。

※悔やみ状では、頭語・結語は使わず、いきなり本文から入る
　(例) 承りますれば、貴社前会長〇〇様ご逝去の由、心よりお悔やみ申し上げます。

【社内文書の例】

　　　　　　　　　　　　　　　　　　　① 総発第 21 号
　　　　　　　　　　　　　　　　　　② 平成○年 12 月 1 日
③ 社員各位
　　　　　　　　　　　　　　　　　　　　④ 総務部長

　　　　　⑤ <u>12 月度の社内設備保守点検について（通知）</u>

⑥ 標記について下記のとおり行います。実施日は本社施設への立ち入りができないので、注意してください。

　　　　　　　　　　　　　⑦ 記

　　１．エレベーター点検　　　12 月 28 日（水）
　　２．空調設備点検　　　　　12 月 29 日（木）

　　　　　　　　　　　　　　　　　　　　　　以　上

　　　　　　　　　　　　　　　⑧ 担当：総務課　中山
　　　　　　　　　　　　　　　　　　（内線 309）

① 文書記号番号	…	文書の管理・検索用に付ける番号。簡易な文書では省略することもある。
② 発信年月日	…	文書の発信日。西暦で表記することもある。
③ 受信者名	…	個人名でなく役職名で記載する。例）総務部長殿　支店長各位　経理課御中
④ 発信者名	…	個人名でなく役職名で記載する。例）人事部長　営業部長　広報課長
⑤ 標題（件名）	…	簡潔なタイトルにする。文書の性質を（　）内に示すことが多い。
⑥ 本文	…	頭語や時候の挨拶は書かず、用件のみ書く。「です・ます」体で。
⑦ 記書き	…	要点を箇条書きにまとめる。「記」ではじめて「以上」で終わる。
⑧ 担当者名	…	以上の下に書く。内線番号やメールアドレスなどの連絡先を入れておく。

【社外文書(商用文書)の例】

① 情発第48号

② 平成○年7月12日

③ 株式会社テクノ
　営業部長　吉田　正様

④ 実務産業株式会社
　情報システム部長　野村　弘

⑤ <u>請求書の再発行について（ご依頼）</u>

⑥ 前略　取り急ぎ用件のみ申し上げます。
　7月9日付の貴請求書（No.154）によりますとサーバーのメンテナンス費15万円が計上されております。
　しかしながら5月30日付のお見積もりによれば、取り付け月のメンテナンス費はサービス(無料)となっておりました。
　つきましては、請求書は返送させて頂きますので、至急お調べのうえ、改めてご請求くださるようお願い申し上げます。

草々

⑦ 同封：請求書（No.154）　1

以上

⑧ 本件連絡先：管理課　田中
　（TEL.　03-5069-XXXX）

① 文書記号番号	…	文書の管理・検索用に付ける番号。簡易な文書では省略することもある。
② 発信年月日	…	文書の発信日。西暦で表記することもある。
③ 受信者名	…	受信者の正式な社名・役職・フルネームを書く。
④ 発信者名	…	発信者の正式な社名・役職・フルネームを書く。所在地を記載することも多い。
⑤ 標題（件名）	…	簡潔なタイトルにする。文書の性質を（　）内に示すことが多い。
⑥ 本文	…	緊急性を示すため、前略－草々の組合せで時候の挨拶等を省いている。
⑦ 同封	…	同封物の内容と数量を記載する。最後に「以上」と書く。
⑧ 担当者名	…	「以上」の下に書く。電話番号やメールアドレスなどの連絡先を入れておく。

【社外文書(社交文書)の例】

① 拝復 ② 霜降の候　ますますご清祥のこととお喜び申し上げます。
③ 平素は当社の業務に格別のご高配を賜り、厚く御礼申し上げます。
貴信たしかに拝受いたしました。このたびは代表取締役ご就任の由、まことにおめでとうございます。
④ さて、
このうえはその卓越したご手腕を遺憾なく発揮され、業界のリーダーとしてご活躍なさいますよう期待いたしております。今後とも変わらぬご愛顧を賜りますようお願い申し上げます。
⑤ まずは、⑥ 略儀ながら書中をもってお礼かたがたお祝い申し上げます。

敬具

⑦ 平成〇年十一月吉日

株式会社ホシノ・ビバレッジ
代表取締役社長　星野　一郎

岡田商事株式会社
代表取締役社長　岡田　和也様

① 頭語	…	この文書は相手への返信なので「拝復」または「復啓」で始める。
② 時候の挨拶	…	11月でよく使われるのは、「霜降の候」「晩秋の候」など。
③ 感謝の言葉	…	社交文書の慣例として日頃お世話になっていることに対する謝意を述べる。
④ 用件（本文）	…	前文終了後は改行し、「さて、」で用件に入る。
⑤ 末文	…	用件が終わったら改行し、「まずは、」で末文に入る。
⑥ 結びの言葉	…	「略儀ながら書中をもって」は慣用表現。文書の趣旨を示して結ぶ。
⑦ 発信年月日	…	慶事に関することのときは、具体的な日付を入れず「吉日」と書く場合も多い。

資料　秘書のビジネス教養

【伝言メモの例】

①鈴木部長様
②森田工業、ヤマネ様より TEL あり。
　③明日の打ち合わせの開始時刻を下記のとおり変更して
　もらえないかとのこと。
④午後1時　→　午後3時30分
　その他、場所等は変更なし
　変更の可否をできれば本日午後5時までに
　知らせてほしい。

⑤ヤマネ様 携帯番号　→　000-0000-0000

　　　　　　　　　　　　　　　　　　　⑥以 上

　　　　　　　　　　　⑦6/30　11:15 a.m　田中㊞

① 伝言先	…	正式文書では不適切だが、メモでは名字＋役職名＋様の書き方もよく見られる。
② 伝言元	…	まず、だれからの伝言なのかを書く。
③ 用件	…	何をどうしてほしいのか、要点（結論）を簡潔に書く。
④ 用件	…	箇条書きや矢印を利用してわかりやすく。「変更なし」も大切な情報。
⑤ 連絡先	…	伝言元の連絡先を記す（わかっていることが確実な場合は省略してもよい）。
⑥ 以上	…	用件が終わったら「以上」と書く。
⑦ 受付時刻	…	伝言を受けた日付、時間を必ず書く。最後に自分の名前を入れる。

【電子メールの例】

① 株式会社ホシノ・ビバレッジ
　商品管理課長　川本　聡子様

② ヨーダ運送株式会社営業部　倉田でございます。
③ 先日はお忙しいところ、お時間を頂き、ありがとうございました。
　また、早速サービス内容の詳しい説明を、とのご依頼を賜り、
　営業部一同大変喜んでおります。

④ つきましては、下記のいずれかの時間帯に貴社にお伺いいたし
　たいと存じますが、如何でしょうか？
　⑤　■6月17日（月）　15:00～17:00
　　　■6月18日（火）　15:00～17:00
　　　■6月21日（金）　10:00～12:00
　なお、今回は当社営業部長　石井琢郎も同席させて頂きます。
⑥ 日程につきまして、よろしくご検討のほど、お願い申し上げます。

⑦ 倉田　哲明（くらた　てつあき）
　ヨーダ運送株式会社　営業部第2営業課
　TEL. 03-5809-XXXX　FAX. 03-5809-LLLL
　E-mail kurata@serve.yoda.co.jp

① 受信者名	…	社外の場合は相手の正式な社名、役職名、フルネームを書くのがよい。
② 発信者名	…	メールでは本文の最初に自分の所属と名字を名乗るのがエチケット。
③ 挨拶	…	ビジネス文書のような決まり切った挨拶にはしない。内容本位で。
④ レイアウト	…	適度に改行する。また、内容の区切れでは1行空けるなどして読みやすくする。
⑤ 用件	…	箇条書きでは機種依存文字（①②など）を用いないよう注意する。
⑥ 念押し	…	最後に返信を求めていることをやんわりと念押しするとよい。
⑦ 連絡先	…	メールの署名機能を使い、自分の連絡先を示す。

参考文献

全国大学・短期大学実務教育協会編『秘書実務』紀伊國屋書店　1988年
全国大学実務教育協会編『新しい時代の秘書ビジネス論』紀伊國屋書店　2006年
森脇道子・三沢仁『新訂秘書実務　改訂版』早稲田教育出版　1989年
森脇道子編著『新版　秘書概論（K・P・Sシリーズ1）』建帛社　1998年
森脇道子編著『新版　秘書実務（K・P・Sシリーズ2）』建帛社　1995年
田中篤子『秘書学概論』嵯峨野書院　1985年
藤本ますみ編著『新秘書実務　人間関係と情報・時間の管理（シリーズセクレタリアルスタディーズ1）』ミネルヴァ書房　1994年
藤本ますみ『国際秘書実務　異文化間コミュニケーションとオフィスワーク（シリーズ　セクレタリアル　スタディーズ3）』ミネルヴァ書房　1995年

池内健治編『ビジネスと情報』実教出版　2002年
大島武他編『ケースで考える情報社会』三和書籍　2004年
家庭画報特選『今どきの冠婚葬祭「お付き合い上手」のために』世界文化社　2003年
三省堂編『(絵で見る)　慶弔事典』三省堂　2003年
三省堂編『(絵で見る)　現代生活のマナー事典』三省堂　2003年
主婦の友社編『ビジネス文書・書式・諸届大事典』主婦の友社　2002年
清家壽子他「FORMALWEAR STANDARDS' MANUAL」日本フォーマル協会　2007年
筒井信行『経営キーワード』自由国民社　1996年
西尾宣明他編『日本語表現法』樹村房　2005年
箱田忠昭『即戦力になる!!　ビジネスコミュニケーション』日経BPソフトプレス　2005年
松田修一『入門の経営　会社のしくみ　最新版』日本実業出版社　1998年
真山美雪監修『カンペキ　女性のビジネスマナー』西東社　2007年
宮川幸久『オフィス英会話　電話＆受付』三修社　1990年
宮川幸久『オフィスのセクレタリー英会話』三修社　2003年
山口幹雄他編『文書管理』中央経済社　1995年
山田真哉編『つまみ食い新会社法』青春出版社　2006年
バート・ヴァン・ローイ他『サービス・マネジメント　統合的アプローチ　上』ピアソン・エデュケーション　2004年
文化審議会答申「敬語の指針」　2007年

■執筆者

1章：池内健治　（自由が丘産能短期大学）＋椿　明美（札幌国際大学）
2章：椿　明美　（札幌国際大学）
3章：大宮智江　（元川口短期大学）
4章：大宮智江　（元川口短期大学）
5章：椿　明美　（札幌国際大学）
6章：風戸修子　（自由が丘産能短期大学）
7章：和田佳子　（札幌大谷大学）
8章：坪井明彦　（高崎経済大学）
9章：池内健治　（自由が丘産能短期大学）
資料：大島　武　（東京工芸大学）

新しい時代の秘書ビジネス実務

2009年3月24日　第1刷発行
2021年4月14日　第6刷発行

編　集　一般財団法人　全国大学実務教育協会
〒102-0074　東京都千代田区九段南4-2-12　第三東郷パークビル2階
電話　03-5226-7288

発行所　株式会社　紀伊國屋書店
〒163-8636　東京都新宿区新宿3-17-7

出版部（編集）電話　03-6910-0508
ホールセール部（営業）電話　03-6910-0519
〒153-8504　東京都目黒区下目黒3-7-10

ブックデザイン　谷本由布
本文イラストレーション（p.13-14,16,25,28,30,
37-38,41-42,45,56,68,70-74,88,93,106,160）
／東京工芸大学・マンガ学科／中村光

印刷・製本　丸井工文社

©2009年　全国大学実務教育協会　ISBN 978-4-314-10182-0 C3000　定価は外装に表示してあります。